SS
SPECIAL
SELECTION

NHKスペシャル セレクション

NHK広島
「核・平和」プロジェクト

sadako

# サダコ

## 「原爆の子の像」の物語

NHK出版

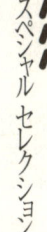

# はじめに――サダコとは誰なのか？

二〇世紀が終わろうとしている。

一九四五（昭和二〇）年八月六日、原子爆弾が投下されたあの悪夢の瞬間から今日まで、被爆地ヒロシマは計り知れない厳しい現実と向き合ってきた。そして、世界に向かってさまざまな手段で被爆の実相を訴え、核兵器のない平和の実現を叫び続けてきた。

今世紀は「戦争の世紀」とも言われている。世界中で幾度となく繰り返された争いの中で、戦闘員だけでなく、子ども、老人、女性といった直接戦闘に関わらない一般市民が無差別大量殺戮の悲劇に巻き込まれてきた。広島・長崎への原爆投下は、そのことを最も象徴する出来事である。

「ピカドン」と呼ばれる原爆は、強烈な熱線と爆風、放射線で一瞬にして都市を壊滅させ、おびただしい生命を奪い去った。そして、その惨禍を辛うじて生き延びた被爆者たちは、放射線による後障害に苛《さいな》まれ、さまざまな苦悩を背負いながら、この半世紀あまりの歳月を送ることを余儀なくされた。その一方、戦後の東西冷戦構造を背景に、世界では何万発もの核兵器が量産され続けた。

ベルリンの壁が崩壊して一〇年以上経った今も、人類は依然として核兵器を手放すことができない。九八年にインドとパキスタンが相次いで行った核実験は、地域紛争での核兵器使用の危険性を生々しく突きつけた。アメリカとロシアが実施している核爆発を伴わない臨界前核実験は、核開発競争をますます目に見えないものにしている。そして、九〇年代に入って各地で噴出した民族紛争という新たな火種。コソボやチェチェンの戦闘で、多くの一般市民が犠牲になったことは、まだ私たちの記憶に新しい。

こうした現実を前に、平和を訴え続けてきた広島の人々の中にも、焦りともどかしさが漂っていることは否めない。被爆者の平均年齢はほぼ七〇歳。被爆体験の風化が言われるようになってすでに久しい。一九九九年六月には長年、広島の平和運動を支えてきた医師の原田東岷さんが、二〇〇〇年一月には広島県原爆被害者団体協議会（広島県被団協）理事長の伊藤サカエさんが亡くなった。

二一世紀に向けて、私たちはヒロシマをどのように継承していくことができるのだろうか。これは広島の被爆者、市民、行政、研究機関、平和団体、マスコミが共通して抱える大きな課題である。この課題と取り組むためにも、世紀の替わり目を迎えようとする今、この二〇世紀を生きる世界の人々の間で、ヒロシマがどのように伝えられ、受け止められてきたのかを総括する作業が必要なのではないか。私たちNHK広島放送局が制作したNHKスペシャル「サダコ～ヒロシマの少女と二〇世紀～」（一九九九年八月六日放送）は、このような問題意識から出発した。

私たちが着目したのは、サダコという一人の少女の物語である。

まだ物心つかない二歳のとき、広島で被爆した佐々木禎子は、一〇年後、突然白血病を発病した。入院した禎子は「鶴を千羽折れば願いがかなう」という言い伝えを信じ、ベッドで毎日折り鶴を折り続ける。しかしその願いも虚しく、八か月の入院生活の末、一二歳で息を引き取った。禎子の死後、級友たちが始めた募金活動によって、原爆の犠牲となった子どもたちの死を悼む「原爆の子の像」が広島の平和記念公園に作られた。

この実話は、やがて海外の文学者等によって作品化され、ヒロシマの悲劇の象徴として広く伝えられることになった。サダコと折り鶴の物語は、現在わかっているだけで三四の国の言葉で出版され、世界の子どもたちに読まれている。佐々木禎子の死を契機に作られた広島・平和記念公園の「原爆の子の像」には、今も世界中からの折り鶴が絶えない。サダコは世界に最もその名を知られた被爆者なのである。

「サダコストーリー」は、二〇世紀後半の人類が共有する神話である。「生きたい」と願って鶴を折り続けるサダコの姿は、終わりのない原爆の恐怖と今なお闘い続ける被爆者たちの象徴であると同時に、市民への無差別大量殺戮が繰り返された二〇世紀、その苦しみと向き合ってきたすべての人々の姿と重なり合う。そして、原爆の犠牲となり、鶴を折りながら死んでいったサダコの悲劇は、今、世界のさまざまな現場で、逆境の中を生き抜こうとしている人々を勇気づける「希望の物語」として語り継がれている。

ヒロシマ、そして被爆者の物語は世界にどのように伝えられたのか？　また、どのような壁に阻まれて伝わらなかったのか？　一人の少女・サダコが生きた現実と、死後その物語が世界に広がっていった紆余曲折を通して、ヒロシマと世界の二〇世紀を見つめることにしたい。

NHKスペシャル　セレクション
サダコ「原爆の子の像」の物語

絵・渡辺あきお

# 1
# 世界で最も名を知られた被爆者

世界各国で刊行されたサダコに関する本

## インターネットの中の「SADAKO」

ヒロシマの少女・サダコの名は、世界中でどれくらい知られているのか。

まずは試みに、インターネット上のホームページで、サダコに言及したものがどれくらいあるのかを調べてみた。海外の主要なサーチエンジンで「sadako_sasaki」を検索したところ、Yahoo! では九〇件、Infoseekでは一二三件、Alta Vistaでは三八四件のページが該当するという結果が出た（二〇〇〇年一月現在）。ほとんどはアメリカ、カナダ、オーストラリアといった英語圏のページだが、今のインターネットの普及状況を考えれば、これら英語圏の国々に偏るのはやむを得ないのかもしれない。

いくつかのホームページを見てみよう。

アメリカ・シアトルの非営利団体「ワールド・ピース・プロジェクト・フォー・チルドレン」(http://www.sadako.org/index.html) は、子どもたちに平和の大切さを教えるためのさまざまな取り組みを行っている。ホームページのアドレスに「sadako」の文字が入っていることからもわかる通り、サダコと折り鶴はその活動のシンボルになっている。一九九九（平成一一）年一一月にはシアトルのキングドームで、子どもたちから募った平和のメッセージをつなぎ合わせて長さ六六メートル、高さ三七メートルもの「世界一大きな平和の折り鶴」を完成させ、話題になった。

主宰者の美智子・パンピアンさんは音楽家で、サダコを題材にした歌も作っている。広島での平和集会に参加したことがきっかけで、このプロジェクトをスタートさせた。ホームページには、佐々木禎子と広島にある「原爆の子の像」についての紹介のほか、折り鶴の折り方も図解入りで掲載されている。また、戦後広島で復興住宅の建設に力を注いだフロイド・シュモー氏が、九〇年にシアトルに建立したサダコの像も写真で紹介されている。

ロシア・ハバロフスクの「オリガミ・クラブ」(http://www.origami.kht.ru/clublat.htm)は、ハバロフスク教育大学の先生たちが中心になり、絵画教室の子どもたちをメンバーに結成された折り紙の愛好会である。ホームページには、原爆ドームの写真とともに、サダコのエピソードが次のように紹介されている(原文は英語で書かれているが、文法等が不正確なところもあるので、かなり意訳した)。

私たちのクラブのメンバーは日本の少女・ササキサダコの物語をよく知っています。彼女は核爆発のあとで、病気になりました。一九四五年の八月六日、アメリカのパイロットは広島に原爆を投下しました。八月九日には長崎にも。

サダコは入院しました。医師たちは彼女に望みがないことを知っていましたが、彼女の最後の日々を輝かせるために、千羽鶴を折れば病気を克服できるとアドバイスしました。少女は急いで鶴を折りました。糸に通された鶴は、大きな美しい束になりました。それ以後、世界のさまざまな国の人々が、サダコの仕事(折り鶴)を始めるようになったのです。

「オリガミ・クラブ」は本来、平和活動ではなく、折り紙そのものを楽しむ集まりのようだが、八月六日に向けて、千羽鶴を折って広島に送る活動も行っている。

オーストラリア・キャンベラに事務局を置く「サウザンド・クレーンズ・ピース・ネットワーク」(http://www.rosella.apana.org.au/˜mlb/cranes/index.htm)は、平和と非暴力を願う世界中の人々や活動団体をつなぐネットワークである。九五年に行われたキャンベラのアランダ小学校と広島市の白島小学校との平和交流をきっかけに、活動をスタートしたという。九六年から「二〇〇〇年一月までに世界中で平和を願う一〇〇〇万羽の折り鶴を作ろう」という運動をインターネット上で展開、世界一八か国から四〇〇〇の個人や団体が参加し、一二〇〇万羽の折り鶴を折り上げることに成功した。

「一〇〇〇万羽運動」の発案者で、キャンベラ在住のマーク・ビューツさん(一九五五年生まれ)は、運動展開中の九九年三月、私たちの取材に対してこう語っている。

一〇〇〇万羽キャンペーンは、折り鶴を通して、言葉も文化も異なる世界中の人々が共通の目標を持ち、一丸となることを目指しました。インドやパキスタンは核実験を行い、コソボでは今も紛争が起きています。人間は過去からいったい何を学んだのでしょうか。平和は自らの力で築き、受け身ではなく積極的に勝ち取っていくものです。そのことをこのキャンペーンで実践することに意味があるのです。

ビューツさんは一〇代のころ、オーストリアの作家カール・ブルックナーが書いた小説『サダコは生きたい』を読んだ。不治の病に冒されながらも鶴を折るという行動を起こすことで前向きに恐怖を乗り越えようとするサダコの姿に、深い感銘を覚えたという。

「サウザンド・クレーンズ・ピース・ネットワーク」のホームページには、「一〇〇万羽運動」に参加した各国の人々からのメールも掲載されている。サダコや折り鶴にちなむそれぞれの活動が紹介されており、興味深い。核廃絶を求めてハーグの国際司法裁判所に折り鶴を送ろうというオランダの運動家。サダコを主人公にしたパフォーマンスを上演している南アフリカ・ケープタウンの人形劇団。遺伝病研究のための募金を呼びかける目的で、テレビ局のイベントに参加して二四時間で千羽鶴を折ったフランスのグループ。そのほか、授業でサダコの物語を読み、いっしょに鶴を折ったという報告は、アメリカ等の多くの小学校から寄せられている。

今回の番組で私たちが取材したオーストラリア・アデレードの英語学校の事例も、このページで見つけたものである。そこでは、民族紛争に揺れる旧ユーゴスラビアの戦火の中からオーストラリアに逃れてきた難民の子どもたちが、サダコと折り鶴に出会うことで、勇気と希望を取り戻している。詳細はのちの章で詳しく述べることにする。

インターネットの中のサダコについて見てきたが、翻《ひるがえ》って考えると、そもそも日本ではサダコの名前はどれくらい知られているだろうか。おそらく多くの人々は、たとえ「広島の千羽鶴の少女」の話をどこかで耳にしたことはあるにせよ、その少女の名前までは記憶していないだろう。しかし、こうして短時間ネットサーフィンをするだけでも、サダコという名前が、かえって私たち日本人のほうが戸惑ってしまうくらい、海外では平和の象徴として広く受け入れられている状況が見えてくる。

そして、そのことの確かな手応えは、広島・平和記念公園の「原爆の子の像」に世界中から絶えることなく送られてくる膨大な千羽鶴によって、さらに実感させられるのである。

## 広島・平和記念公園「原爆の子の像」

二〇世紀の日本を代表する建築家・丹下健三氏らの設計によって作られた広島市の平和記念公園。通称「一〇〇メートル道路」と呼ばれる平和大通りのほうから、原爆資料館（平和記念資料館）の建物越しに展望すると、一本の直線上に原爆慰霊碑、平和の灯、そして元安川を挟んだ対岸の原爆ドームがまっすぐに連なっていることがわかる。慰霊碑とドームを結ぶこの直線からやや西にそれた位置に、木々に囲まれてひときわ高くそびえ立つのが「原爆の子の像」である。

カプセル型をした細長い台座の上に、一人の少女の銅像が慰霊碑の方向を見て立っている。両腕を広げ、頭上に一羽の折り鶴を掲げた姿は、十字架にかけられたキリストの像を思わせる雰囲気もある。この少女のモデルになったのが、佐々木禎子とされている。

「原爆の子の像」が完成したのは昭和三三（一九五八）年。建立のきっかけとなった禎子の死から三年後のことである。像が作られた経緯についてはあとで詳しく述べることにするが、広島では原爆投下から一〇年以上が経過した当時もなお、禎子だけでなく、被爆した子どもたちの中に原爆の放射線による後障害で命を奪われる例が少なからずあった。像は、当時の広島市内の小、中、高校生によって結成された「広島平和をきずく児童・生徒の会」が中心となり、原爆の犠牲になったすべての子どもたちの死を悼んで建てられたものである。

台座の下部、三本の脚に囲まれた内側の空間の中央には、四角い御影石の碑があり、表面にはこう刻まれている。

これはぼくらの叫びです
これは私たちの祈りです
世界に平和をきずくための

碑の後ろに目をやると、像を取り囲むようにして半円状の台が設けられていて、その上に国内外から送られたたくさんの千羽鶴が山のように供えられている。鶴は一年中絶えることがない。その多くは、全国から広島を訪れる修学旅行の生徒たちが持参したものである。

修学旅行の最盛期に当たる五月から六月ごろには、いくつもの異なる学校のグループが入れ代わり立ち代わり「原爆の子の像」を訪れ、像を囲んで一〇分くらいのセレモニーを行っているのを目にする。平和の大切さを訴える歌を全員で合唱し、広島訪問を機会にクラスで話し合った平和についての所感を読み上げ、最後に皆で折ってきた千羽鶴を捧げるといったものだ。いつのころからか、「原爆の子の像」を囲んでのセレモニーは、原爆ドームや原爆資料館の見学と並んで、修学旅行の定番プログラムになっているらしい。

もちろん、修学旅行の生徒だけでなく、一般の観光客も「原爆の子の像」を訪れる。団体客を引率してきたバスガイドが、像の前でサダコと折り鶴の物語を一所懸命説明している光景もよく目にする。人々は、ガイドの話に耳を傾けつつ、像の周囲を巡ってそれぞれの千羽鶴に添えられたメッセージを黙々と読んでいる。像を背景に記念撮影をしている外国人の若者の姿もある。

「原爆の子の像」が立つ一角は、平和記念公園を訪れる人が必ずといっていいほど足を止め、サダコの物語と千羽鶴のメッセージを媒介にしながらそれぞれの思いを巡らす、そんな場所になっている。

## 全世界から寄せられた折り鶴

「原爆の子の像」に捧げられている山のような千羽鶴を注意深く見てみると、修学旅行生たちが持参した鶴に交じって、外国語で書かれたメッセージを添えた海外からの折り鶴が見受けられる。なかには私たち日本人がふだん折っているのとは違う形に折られたものや、アルファベットの文章が印刷された紙（おそらく現地の新聞や雑誌）を使っているものなど、一目見て外国からの折り鶴とわかるものもある。

海外の折り鶴は、どういう経路をたどってここに供えられているのだろうか。調べてみると、さまざまなケースがあることがわかった。外国人旅行者が直接持ってきたもの。広島市役所や市長宛に送られてくるもの。同じ平和記念公園の敷地内にある原爆資料館宛に送られてくるもの。あるいは個人や学校、平和団体などが、自分たち宛に送られてきたものを、差出人の代わりに「原爆の子の像」に持参して供える場合もある。したがって、世界のどこからいったいどれくらいの数の折り鶴が届くのか、その全貌をつかむのは難しい。

公園を管理している広島市役所緑政課には、一九九六（平成八）年度から三年間に、一三か国から五〇三件の折り鶴が送られてきたというデータがある。国別に見ると、アメリカが圧倒的に多く、三年間で三七八件。ついでオーストラリアの六〇件、カナダの四一件、ニュージーランド一二件、イギリス三件、ドイツ二件と続く。スウェーデン、アイルランド、スペイン、インド、中国、タイ、タンザニアからもそれぞれ一件ずつ寄せられている。

原爆資料館には、一九八九年度から一九九八年度（平成元年から一〇年度）までのデータが残されていた（表1）。こちらは一〇年間に、二四か国から五三三件の折り鶴を受け取っている。興味深いのは、戦後五〇年に当たる九五年度が一つの節目になっている点である。九三年度までは年間二、三〇件前後だった折り鶴の件数が、九四年度には六〇件を超え、九五年度にピークの一〇九件を数えている。そして、これ以後、九六年度からは六〇件以上を維持している。

国別では、やはりアメリカ、オーストラリア、カナダ、ニュージーランドといった英語圏の

■表1　原爆資料館に送付された折り鶴の件数

| | '89 | '90 | '91 | '92 | '93 | '94 | '95 | '96 | '97 | '98 |
|---|---|---|---|---|---|---|---|---|---|---|
| アメリカ | 17 | 20 | 22 | 10 | 9 | 39 | 56 | 39 | 43 | 23 |
| オーストラリア | 3 | 5 | 2 | 4 | 5 | 3 | 13 | 8 | 13 | 17 |
| カナダ | 2 | 3 | 10 | 4 | 4 | 12 | 18 | 11 | 8 | 9 |
| ニュージーランド | 3 | | 2 | 1 | 1 | 3 | 4 | 2 | 2 | 1 |
| デンマーク | | | | 1 | | | 1 | | | |
| ロシア | | | 1 | | | 1 | | | 1 | 3 |
| イギリス | 3 | | | | | 2 | 2 | 1 | | 1 |
| スイス | 1 | | | | | | | | | |
| イタリア | | | | | | 1 | 6 | 10 | 10 | 8 |
| オランダ | | | | | | | 1 | | | |
| スウェーデン | | | | | | | 2 | 1 | 1 | |
| ドイツ | | | | | | | 1 | 2 | 1 | 1 |
| マレーシア | | | | | | | 1 | | | |
| フランス | | | | | | | 1 | | | |
| ノルウェー | | | | | | | 2 | | | |
| ハンガリー | | | | | | | 1 | 1 | | |
| タイ | | | | | | | | 1 | | |
| クロアチア | | | | | | | | 1 | | |
| アルゼンチン | | | | | | | | 1 | | |
| アイルランド | | | | | | | | | 1 | 1 |
| イスラエル | | | | | | | | | 1 | |
| ブラジル | | | | | | | | | 2 | 3 |
| フィンランド | | | | | | | | | 1 | |
| 香港 | | | | | | | | 1 | | |
| **合計** | **29** | **28** | **37** | **20** | **19** | **61** | **109** | **79** | **84** | **67** |

国々が件数の上位を占めている。鶴を送付してくる国の数も、九四年度までは毎年三〜七か国程度に限られていたのが、戦後五〇年の九五年度以降は毎年一〇か国以上から送られてくるようになった。

　海外から広島に折り鶴を寄せてくるのは、いったいどういう人たちなのだろうか。彼らはどのようにしてサダコの物語と出会い、どういう思いで鶴を折り始めたのか。原爆資料館や市役所緑政課には、折り鶴とともに送られてきた彼らの手紙やメッセージの一部が保管されている。私たちは、それぞれの機関の協力を得て、一つ一つのメッセージに目を通す作業を始めた。そして送り主の連絡先がわかっている場合には、可能な限り電話での取材を試みた。

あわせて、インターネットでも、核兵器問題を扱うメーリングリスト「アボリション二〇〇〇」等に呼びかけて、海外での「サダコストーリー」の広がりについて、情報の提供を募った。その結果、次のような事実や傾向が明らかになってきた。

## 「サダコストーリー」はどう読まれているか

今回私たちが調査した限り、海外の人々が現在読んでいる「サダコストーリー」は、ほとんどの場合（旧共産圏の国々等を除いて）、次の二つの作品のいずれかである。一つは、一九六一年にオーストリアの作家カール・ブルックナーによって発表された『サダコは生きたい』（原題：Sadako Will Leben!）である。前述したように、オーストラリア・キャンベラのマーク・ビューーツさんは、この小説でサダコに出会った。もう一つは、七七年にカナダ人女性作家エレノア・コアが出版した『サダコと千羽鶴』（原題：Sadako and the thousand paper cranes）である。それぞれの作品がどのようにして生まれたのか、またそれぞれサダコをどのように描いているのか、これについてはのちの章で詳しく紹介する。

次に、人々が「サダコストーリー」と出会う最もポピュラーな機会は、学校の授業であることがわかった。たとえばアメリカの場合、エレノア・コアの『サダコと千羽鶴』が少なくとも一七の州の教育現場で教材として採用されていることが確認された。また、日本人留学生がクラスメートに日本文化を紹介する一環として、折り鶴とともにサダコの話をしたという例も見られる。

さらに、千羽鶴を広島に送ってきた人々（多くは子どもたち）は、「サダコストーリー」から何を感じ取っているのか。彼らの手紙やメッセージによく出てくる言葉や表現を挙げてみよう。

〈touch our heart〉、〈very moved〉（とても感動した）
〈sad〉（悲しみ）
〈peaceful harmony〉（平和の大切さ）
〈terrible〉、〈horrible〉（原爆の恐ろしさ）
〈stop the war〉、〈never happen again〉（戦争はいけない）
〈courage〉（勇気）
〈hope〉（希望）
〈challenge〉（チャレンジ精神）
〈strength〉（強さ）
〈heartful〉（他人への思いやり）

これらの言葉の断片から、海外の人々がサダコの物語の中に、悲しみや原爆の恐怖、戦争への憎しみを感じるだけでなく、勇気や希望といった前向きな要素を見いだしていることが浮かび上がってくる。

そして、彼らはどんな思いで折り鶴を折ったのか。これも手紙の中の記述から見てみたい。

〈in honor for Sadako〉、〈in dedication of Sadako〉（サダコに敬意を払って）
〈pray for peace〉（平和への祈りとして）
〈symbol of peace, freedom, and friendship〉（平和、自由、友情のシンボルとして）
〈express happiness, joy and love for life〉（幸福、喜び、生命への慈しみを表すために）

ほかに「サダコが折れなかった残りの三五六羽を折った」というものも少なくない。これはエレノア・コアの『サダコと千羽鶴』に「サダコは六四四羽の鶴を折ったところで亡くなった」とされているからである。サダコが折った鶴の数についても、あとで改めて触れることにする。

広島に折り鶴とともに送られてきたこれらのメッセージから、サダコの物語が私たちの予想以上に、海外で広く受け入れられていることがさらに確かめられた。しかも、ただ単に「被爆少女の死をかわいそうに思った」、「戦争や原爆はよくないと思った」というレベルを超えて、もっとポジティブなイメージで受け止められている。私たち日本人の感覚からすると少し意外な感じがする。

原爆投下から一〇年も経って突然少女を襲った悲惨で絶望的な死が、なぜ勇気と希望の物語に読み替えられていったのか。「実話」が「神話」になっていくその道筋をたどる前に、まず佐々木禎子という生身の少女がどのように生き、どのように死んでいったのか、その現実を見つめることから始めたい。

# 2 サダコ・一二年の生と死

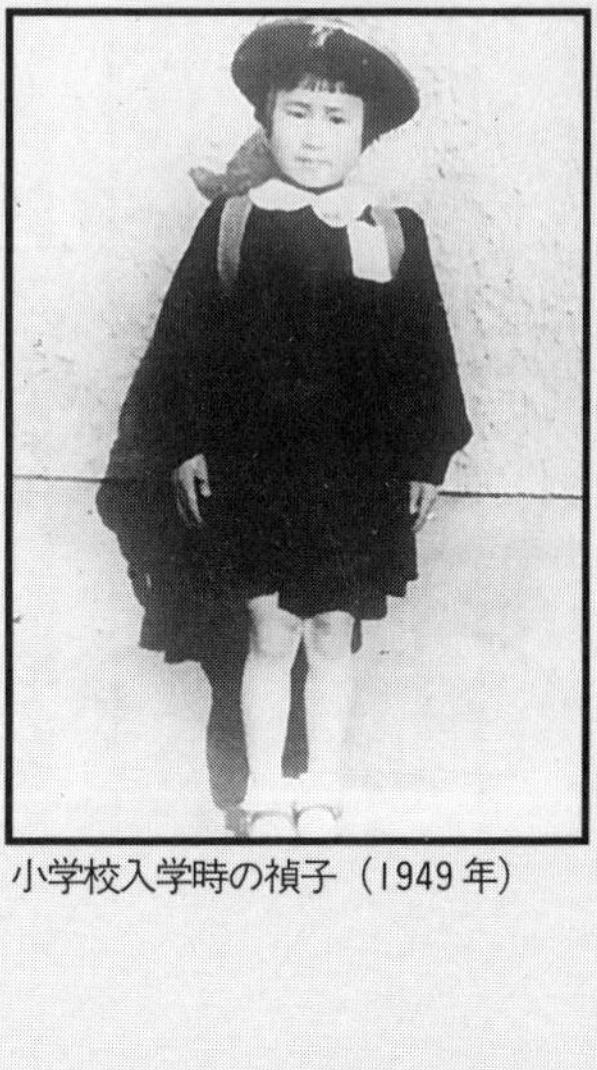

小学校入学時の禎子（1949 年）

# 棺に眠る少女

一枚の写真がある。まだあどけなさの残る一人の少女が、棺の中に眠っている。花に囲まれて、死に化粧を施された顔は、何かを語りかけてくるようだ。少女の名は佐々木禎子。一九五五（昭和三〇）年一〇月二五日、享年・一二歳で亡くなった。のちに被爆者として世界に最もその名を知られるようになるサダコ。その死の光景は、このように記録されていた。

私たちがこの写真に出会ったのは、一九九九（平成一一）年二月のことだった。禎子の父・佐々木繁夫さん（一九一五年生まれ）を福岡県那珂川町のご自宅に訪ねた際、生前の写真やさまざまなゆかりの品物とともに見せていただいた。写真は葬儀の折りに、繁夫さんが親戚の人に依頼して撮影したものだという。棺に納められた故人を撮影するというのは、かなり異例のことに思え、私たちは衝撃を受けた。繁夫さんはその理由を、「娘の死に顔があまりに美しかったので、どうしてもこの姿を残しておきたかった」と語る。まだ一二歳の娘に突然先立たれた父親の無念さは、計り知れないものだっただろう。

（禎子が亡くなってから）当分は、仕事が終わってから毎晩自転車で護国神社に行き、人がいないところで大きな声で何度も「サダコー！」とおらぶ（叫ぶ）んです。それから日赤（禎子が入院していた広島赤十字病院）まで行って、二階へ上がって、鶴がまだ吊ってあった

棺の中に眠る佐々木禎子

ですからねえ、部屋を見てからじゃないと寝られなかったですね。

（佐々木繁夫さん）

繁夫さんは現在、長男の雅弘さん（一九四一年生まれ）一家と暮らしている。雅弘さんは、禎子の二歳年上の兄に当たる。禎子の一二年の生涯はどのようなものだったのか、私たちは数回にわたって佐々木家を訪れ、繁夫さんと雅弘さんにインタビュー取材を行った（母親のフジ子さんは、私たちが本格的な取材を始める直前、一九九八年一二月に八〇歳で亡くなったため、残念ながら直接お話を伺う機会を得なかった）。肉親お二人のお話をもとに、まずは禎子の生い立ちから被爆までを見てみたい。

## 禎子の被爆

佐々木家は戦前、広島市楠木町七二三番地で理髪店を営んでいた。繁夫さんは昭和一五（一九四〇）年にフジ子さんと結婚し、翌年には長男の雅弘さんが生まれた。長女の禎子が誕生したのは、昭和一八（一九四三）年一月七日のことだった。深夜に陣痛に見舞われた母親のフジ子さんが病院へ運ばれる途中、車の中で産声を上げたという。「禎子」という名前は、理髪店の常連客の中に姓名判断の先生がいて、元気な子どもに育つようにと名づけてもらった。

このころすでに、日本とアメリカは太平洋戦争を戦っていた。禎子が生まれた年、繁夫さんは衛生兵として召集され、広島陸軍病院に配属された。昭和二〇（一九四五）年七月から、広島県の北部、三次《みよし》市にあった陸軍病院分院勤務となったため、繁夫さん自身は直接原爆には遭っていない。

八月六日の朝、楠木町の家には、繁夫さんの母・マツさん（当時七九歳）とフジ子さん、雅弘さん、それに二歳の禎子の四人がいた。

八時一五分、アメリカ空軍機エノラ・ゲイが、広島市に原子爆弾「リトルボーイ」を投下した。原爆は、広島市の中心部、細工町一九番地（現・大手町一丁目）の島病院上空およそ五八〇メートル（アメリカの科学者によると五六七メートル）で炸裂した。そのエネルギーはＴＮＴ火薬に換算して一五キロトン。放射線、熱線、爆風の複合的破壊によって広島の街は焼け野原と化し、その年の暮れまでに一四万人が亡くなっている。かつて人類が体験したことのない核兵器による大量殺戮は、罪のない多くの子どもたちの生命をも奪った。

禎子の家は、爆心地から北西に一・六キロ離れたところにあった。家族は木造二階建ての家の一階の茶の間で、朝食をとっていた。被爆の瞬間はどんな様子だったのか。父の繁夫さんは不在、当時四歳の兄・雅弘さんにもきわめて断片的な記憶しか残っていない。しかし幸いなことに、母・フジ子さんが生前、児童文学作家の手島悠介氏（講談社刊『飛べ！　千羽づる』の著者）の取材に応じて、被爆時の模様を語った録音テープが残されていた。

フジ子さんによると、「ピカドン」の瞬間、爆風によって家の土壁はがらがらと音を立てて崩れた。壁には、床下に防空壕を掘るために外しておいた畳が縦に一一枚並べて立てかけてあったが、これらもばたばたと倒れてきた。室内は土煙でしばらく何も見えなくなった。フジ子さんは必死で子どもたちの名前を呼んだ。雅弘さんは茶の間のちゃぶ台の下に潜り込むような形で、壁の下敷きになるのを免れていた。祖母

佐々木家と親戚（1943年）。中央の母に抱かれているのが禎子。その左が祖母、後列右端が父、手前左から２人目が兄

のマツさんは、持っていた箸で左手を突き刺してけがをしたものの、無事だった。しかし、禎子の姿が見つからない。そのとき、どこからか泣き声が聞こえてきた。

土間のほうへ二階から石炭箱が落ちてきていました。禎子は、その上にちょこんと座って泣きおるんですもん。傷も何にもしとらんのですよ、そのときは。「あー、みんな助かったんだ」って言って、お婆ちゃんの傷の手当てだけして、「さあ逃げましょ、逃げましょ」って……。

（故・佐々木フジ子さんの録音テープから）

茶の間にいた二歳の禎子は、爆風によって三メートル以上も吹き飛ばされたが、奇跡的にかすり傷一つ負っていなかった。フジ子さんは続ける。

着せるものが何かないかと探したら、（避難用に）ボストンバッグに下着とか着替えとか、詰めてあったのが箪笥《たんす》の上から落ちてきとった。それを肩にかけて、二人の子の手を引いて「お婆ちゃん、はよ逃げましょ、逃げましょ」って、隣の壊れた屋根の上を、瓦の上を通って、もうそのときは無我夢中ですもんね。

（同）

禎子の一家は、倒壊した家々の瓦礫を踏み越えながら、近くの太田川の方向に逃げた。倒れた家に押しつぶされて亡くなっている人や、熱線で火傷を負い腕の皮膚が垂れ下がったまま逃げる人など、街は地獄絵と化していた。逃げる途中、祖母のマツさんが「忘れ物を取りに帰る」と言って引き返し、はぐれてしまった。どこからか火の手が上がり、やがて楠木町界隈も火の海となった。マツさんは、炎を避けるため飛び込んだのか、防火水槽に入ったまま亡くなっているのを、のちに近所の人に発見された。

フジ子さんと二人の子どもは、三篠橋の袂《たもと》までたどり着いた。舟があったので知り合いに頼んで乗せてもらった。川の両岸は激しく燃えさかる火の海となり、土手は助けを求める人々と死体でいっぱいだった。一家の乗った舟は、川の真ん中に浮かんだまま、火がおさまるのを待っていた。雅弘さんがおぼろ気に記憶しているのは、「舟の中に水が入ってくるのを柄杓《ひしゃく》のようなものを使って、一所懸命掻き出そうとしていた」ことである。

そうしているうちに、突然見たこともない黒い雨が降ってきた。禎子たちは舟の上で、この黒い雨に打たれた。

一〇時ごろじゃなかったですかね。パラパラっとですよ、川の中に。「あら、雨が落ちだしたな」って。そして（岸に）上がってみたら、白地のようなのを着ていたのが、黒い点々がこうあるんですよね。着ている着物に。（同）

禎子の着物を黒い雨が濡らした。

原爆から放たれた放射線が空気中や地上の物質に当たると、その物質からも二次的な放射線が発せられるようになる。物質が放射線を発する性質のことを放射能という。雨には、強い放射能を帯びた煤《すす》や埃《ほこり》が大量に含まれていた。しかし、当時の広島の人々には、いったい何が起きたのかわからなかった。

## 大人びた少女

禎子の一家は、被爆直後から広島市を離れ、三次市上川立町にあった母・フジ子さんの実家に身を寄せていたのだが、昭和二二（一九四七）年二月、再び広島で理髪店を開業することになった。中心部の八丁堀に近い鉄砲町一五番地が、自宅を兼ねた新しい店の場所である。この翌年には、禎子の妹・美津江さんが生まれた。

昭和二四（一九四九）年には、広島の街の再建を目指す平和記念都市建設法が成立し、復興の槌音《つちおと》が響き始める。原爆のあと、広島を離れていた人々が街に戻り、仕事を求めて各地から人が集まるようになった。新しい建物が次々に建てられ、広島にようやく活気が戻ってきた。

この年、禎子は幟町《のぼりちょう》小学校に入学する。真新しい帽子を被り、ランドセルを背負った六歳の禎子の写真が残っている。あの原爆のただ中を、奇跡的にかすり傷一つ負わないでくぐり抜けた禎子は、そのあとも病気一つすることなく、健やかに成長していた。自分が原爆に遭ったことを気に留めることすらなかった。翌年には弟・英二さんが誕生。両親ともに日中は理髪店で働いていたせいもあって、禎子は小さいころからよく家の手伝いをし、妹や弟の面倒を見るしっかりした子どもだったという。

元気ですしね。親には苦労かけない子だったですよね。親の心を先に見抜くというのか、無理を言わない。雅弘と二人、学校に行く前に、店の階段の火鉢に火をおこすのと、表を掃くのと、二人交代でやるんですよね。「今日はお兄ちゃんよ、今日は禎子よ」と二人でやっていた。……

階段の（電灯の）スイッチがつけっぱなしになっていると、もったいないと言って消してましたよ。だから大人でも、禎子ちゃんがいると気を遣うという人もおった。ちょっと禎子は子どもらしくないところがありました。

（父・佐々木繁夫さん）

佐々木理髪店（広島市鉄砲町）

学校のクラスメートたちから見た禎子は、どんな少女だったのだろうか。禎子が昭和二九（一九五四）年に在籍していた幟町小学校六年竹組の同級生たちに聞いてみた。

山崎（旧姓・坂村）美津江さんは、やはり禎

幟町小学校6年竹組。後ろから２列目の右から２人目が禎子

子には大人びた印象を持っていたという。

学校でお掃除一つするにも、箒《ほうき》の持ち方、雑巾のかけ方が、何だかお母さんを見るような感じを受けてましたね。私ら、雑巾を絞るにしても、くちゃくちゃってしますけど、あの人は上手に絞って、掃くにしても板目に沿ってきちんと掃いていらっしゃったような記憶がありますね。なんかちょっと、お姉さんぽいなあって思っていましたね。

道原（旧姓・福岡）千鶴さんには、放課後、自転車に乗って、何度か鉄砲町の禎子の自宅に遊びに行った思い出がある。二階の子ども部屋で、二人はこんな遊びに熱中した。

禎子さんも私も、そのころ髪が長くて三つ編みにしていたんです。それをお互いにほどいて、少女雑誌に載っている髪型を真似て、お互いに結い合うんです。二人で髪を結いながら、よく歌も唄いました。「森の木陰でどんじゃらほい」とか「赤とんぼ」とか「赤い靴」とか、次から次から出てくるんです。童謡がたくさん。いい加減、歌が出てこなくなったころに、髪もでき上がるし、(禎子が)「夕方になるとお手伝いしなければいけない」と言うので、そろそろ帰ろうということになるんです。

髪を結い合う遊びが好きだったのは、やはり家業の影響だったのだろうか。少女雑誌のさし絵のファッションや童謡歌手の髪型など、子どもながらにおしゃれには関心を持っていたようだ。また、禎子は歌も大好きで、特に美空ひばりの大ファンだった。

もう一つ、同級生だった人たちが禎子の思い出を語るとき、必ず口にすることがある。運動神経が飛び抜けていて、スポーツ万能だったことだ。川野(旧姓・横田)登美子さんは語る。

教室の中では目立たないというか、あまり自分のことを主張することもなかったんですが、とにかく一歩運動場に出ると、もうすごい活躍をするんですね。跳び箱、鉄棒、ゴム跳び、ドッジボール、どのスポーツもクラスの女の子では禎ちゃんがナンバーワンでした。特にゴム跳びなんかね、すごい高いの跳んでましたから。とにかく元気でしたね。まあ、あだ名が「サル」っていうくらいですから、それだけ敏捷だったですね。

女の子にとって、「サル」というあだ名で呼ばれるのは、おそらくあまりありがたくないことだろう。「サル」のように身軽だからと、もっぱらクラスの男子が使っていたらしい。禎子が、ときには男子を圧倒するくらいスポーツができたため、あるいは彼女にかなわない悔しさからそう名づけたのかもしれない。「佐々木」、「禎子」の頭の「サ」の字を取って、語呂がいいので「サル」と呼び始めたという話もあった。

とにかく元気で活発な少女だった禎子。特に彼女が運動会のリレーで大活躍したことは、今も多くの同級生の脳裏に焼きついている。

## 幸福な瞬間

元教員の野村剛さん（一九二六年生まれ）は、禎子たちのクラス、六年竹組の担任を務めていた。台湾で生まれ育った野村さんは、終戦翌年の昭和二一（一九四六）年に日本に引き揚げてきた。台湾で教員免許を取得していた野村さんは、本籍地の広島県高田郡粟屋町（現・三次市）周辺の小学校で教鞭をとっていたが、昭和二九（一九五四）年四月に広島市中心部の幟町小学校勤務となり、初めて受け持ったクラスが六年竹組だった。当時、二八歳の青年教師である。

六年竹組は、男子が三四人、女子が二八人、合計六二人という今では考えられないような大人数のクラスだった。教室の席と席との間が狭すぎて通ることもできない状態に、郡部の学校から転勤してきた野村先生は「非常にたまげた」という。当時の幟町小学校は、原爆で焼きつくされた広島市街の学校の中では比較的早く新校舎が建ったため、地元の幟町周辺だけでなく、学区外から通ってくる児童も多かった。特に、戦後外地から引き揚げてきた家族の子弟が少なくなかった。禎子たちの学年は、松・竹・梅・桜・桐・藤の六クラスに分かれていた。

野村さんが担任になった当初の竹組は、ほかの五つのクラスと比較しても、子どもたちにまとまりがない「戦国時代みたい」な状態だったという。五月に行われた小運動会のクラス対抗リレーでは、チームワークの悪さからバトンタッチがうまくいかず、六クラス中最下位になってしまった。そこで、野村先生はクラスの団結をはかるために、毎日放課後、全員参加でリレーの練習を行うことにした。六二人のクラスをA・B・C・Dと四つのチームに分け、毎日メンバーを入れ替える。みんなが仲間になるように、という配慮である。竹組の日課となったこのリレー練習で、足が飛び抜けて速かった禎子は、ひときわ目立つ存在だった。

同級生・地後暢彦さん

まあ、よう走るからね。速いのがおるなと思うたんです。五〇メートルをね、七秒五で走った。七秒五で走るいうのは、六年生に毎年はおらんです。教員四〇年やったけど、めったにおらん。とにかく、禎子さんは速いです。男子もみな合わせて、一番速いんですから。　（野村剛さん）

竹組の子どもたちの中で、ガキ大将的存在だった地後《じご》暢彦さんは、短距離走では禎子のライバルだった。地後さんは、リレーの練習で禎子と競い合ったことを、今も鮮明に記憶している。

ほんと、足の速い子だったんで。リレーの選手でね。練習しとるときでも、僕も足が速かったんだけど、あの人はね、僕を抜くときにね、ククッて笑って追い抜いていく。それが悔しくてね。僕はそのイメージを一番おぼえてます。

授業時間は比較的おとなしく、手を挙げて発言することも少なかった禎子だが、運動場に出ると水を得た魚のように生き生きとしていた。このころ、「将来は中学校の体育の先生になりたい」と野村先生に夢を語っている。

一〇月五日、秋の運動会。五月の惨敗以来、毎日リレーの練習を重ね、チームワークを培ってきた竹組の子どもたちにとっては、いよいよ雪辱を果たす機会の到来である。クラス対抗リレーは、男女それぞれ五人ずつ選ばれた一〇人の選手が、女子、男子の順に交互に走って争われる。禎子は九人目、女子のアンカーだった。幟町小学校の卒業文集『思い出』には、このときの様子と心境を綴った禎子の作文が収められている。

楽しみにまっていた十月五日の運動会の日、私の一番むねを打っているのは、選手リレーのことでした。先生は、おなか一ぱい物を食べていては、いけないといわれたので、何

リレーの練習をする禎子（左、野村剛さん撮影）

同上。禎子はスタートライン奥から２人目。笛を吹いているのは野村剛さん

運動会で優勝した竹組のリレー選手。前列中央が禎子（野村剛さん撮影）

べんも、便所に行って、体をかるくして、リレーをまっていると、とうとう一番終りの、リレーがきました。

ならんで出る前から、むねが、どきどきして、ふるえていました。いよいよ根占さんが、スタート線にならびました。「ドン」皆が一せいにとび出しました。根占さんが、ぐんぐんぬいて二番です。私が走る時は、どこで、ぬかしたのか一番です。私は、お母さんが見ておられると思うと、無が無中で走りました。やっと私の走るのがすんで、ほっと、していると「ドン。」と、ピストルの音がなって、竹組はたくさんの差をあけて一等です。あち、こちから、どっと歓声が上りました。もう、うれしくてうれしくて、たまりません。どっちをむいても、うれしそうな、顔が、うかんでいました。

（原文ママ）

竹組チームは、半年近い練習の甲斐あってバトンタッチも完璧にこなし、見事に優勝した。禎子は、半周以上も差を広げて、次の走者にバトンを渡している。運動会のあとで野村先生が撮影した一〇人のリレー選手の記念写真がある。前列中央で、鉢巻きを締め、きりっとした表情で写っているのが禎子である。運動会には、母親のフジ子さんも仕事を抜け出して見に来ていた。母の目の前で見事な結果を出すことができて、「うれしくてたまらなかった」という禎子。彼女にとっては、一二年の生涯で最も幸福な瞬間だったのかもしれない。

## 忍び寄る原爆の影

禎子が小学校六年生だった昭和二九(一九五四)年は、日本中が核兵器と放射線の恐怖に震撼した年である。三月一日、アメリカが南太平洋・ビキニ海域で水爆実験を実施した。広島原爆の一〇〇〇倍もの威力だった。実験場から東に一六〇キロ離れた場所で操業していた遠洋マグロ漁船「第五福竜丸」は、放射能を帯びた「死の灰」を浴び、無線長だった久保山愛吉さんが半年後の九月に亡くなった。実はこのときまで日本では、広島・長崎と二度の原爆を経験しながら、放射線が人体にもたらす影響について、一般的にはあまり知られていなかった。

アメリカは広島に原爆を投下した一か月後の昭和二〇(一九四五)年九月から調査団を送り込み、原爆がもたらした被害の実態と、その後の影響を調べ始めた。被爆直後から、火傷やけがを負わなかった人々の間でも、吐き気や下痢、頭痛、発熱、吐血、皮下出血、脱毛といった症状に苦しみ、亡くなる人が続出していた。放射線による急性障害である。症状が重かった人のほとんどは、その年の内に亡くなったため、放射線障害は外見上、一応おさまったかに見えた。翌年になると、新聞にも原爆の影響による病気はもう心配ないという趣旨の記事が掲載されるようになる。

しかし、原爆の放射線は、急性障害だけでなく、その後も長期にわたってさまざまな障害を引き起こすことになる。それらは被爆後二、三年ないし十数年の歳月を経たのちに発生し、今なお被爆者の健康を脅かしているケースも少なくない。いわゆる「後障害」である。具体的な症例としては、ケロイド（いったん治ったはずの火傷の跡が盛り上がる症状で、放射線の影響があったと考えられている）、白血病、癌などの悪性腫瘍、胎内被爆による小頭症などが挙げられる。

アメリカは、放射線の人体への影響を体系的に調査研究するために、昭和二一（一九四六）年、広島と長崎に専門家を派遣し、翌年、原爆傷害調査委員会（ABCC）を発足させた。一方、GHQ（連合国最高司令官総司令部）はプレスコード（新聞遵則）を指令、原爆の被害に関する報道に制限を加えた。昭和二七（一九五二）年、サンフランシスコ講和条約発効に伴ってプレスコードが解除されるまで、原爆の放射線による影響の実態が一般に明らかにされることはなかったのである。

広島の被爆した市民の間で、後障害が密かに進行している事実にいち早く気づき始めたのは、戦後、一面の焼け野原となった広島の地でバラック建ての医院を開業し、診療を始めた町医者たちである。その一人、原田東岻さん（一九九九年六月死去）は、亡くなる数か月前、私たちの取材に対し、原爆の後障害と思われる白血病患者に原田さん自身が初めて出会ったときの様子を次のように語っている。

昭和二三年の一二月二三日、夜の九時ごろのことだった。寝ていたら看護婦がろうそくをつけて起こしに来た。若い男が五歳くらいの男の子を背負ってきていた。男の子は四〇度くらいの熱を出していた。目がどこにあるかわからないくらい眼窩《がんか》の奥に引っ込んでいて、腹が飛び出し、手足は細く、青白い。耳から採血したら、黄色の水が出た。赤血球がないいんだよ！

翌朝、改めて見て白血病じゃないかと思ったので、宇品《うじな》にあったABCCへ行き、ウィードマイヤー中尉という血液学者に見せたんだ。ウィードマイヤーは真っ青になった。それから二人でジープに乗って、患者のところへ出かけた。患者は、当時「テレホンハウス」と呼ばれていた畳一畳、土間一畳ほどの粗末な作りの家に寝かされていた。

父親に「これから、この病気は多発する可能性がある。息子さんは貴重な患者だ」と説明して、さらに耳からスライド二〇枚分の採血を行った。その間中、自分は「原爆の悲劇は終わっていないんだな」と考えていた。あとで、ウィードマイヤーに「原爆の後遺症は、どんなことが考えられるのか」と尋ねたら、彼は一五、六の病名を挙げた。「白血病が多発する。骨髄の損傷により、市民のほとんどに再生不良性貧血が見られる。ほかに白内障、リンパ腺、肝臓、生殖腺の病気……」。それを聞いて、自分は背筋が寒くなった。原爆は何十万人に火傷を負わせ、ケロイドを残したうえに……。そして、そのことを広島の医者は誰も知らないんだ。

原田さんは本来は外科医である。しかし、医師の数が圧倒的に少なかった当時の広島では、ありとあらゆる患者を診察しなければならなかった。その切迫した状況の中で、原田さんはそれまで見聞きしたことのない奇妙な事例に次々と遭遇した。盲腸の手術をした患者が、手術は成功したにもかかわらず、数日後に亡くなる。貧血気味で抵抗力がない患者が多い。一見健康そうなのに一日中ブラブラしていて何もできない「ブラブラ病」と呼ばれる人がいる。

「原爆には訳のわからん症状がたくさんある。外科医者一人ではどうにもならん」と感じた原田さんは、専門の異なる仲間の医師たちに呼びかけ、「土曜会」という集まりを発足させた。毎週一回、土曜日の夜にそれぞれが診察した症例を持ち寄り、情報交換と研究を行おうというものだ。広島の医師たちは、原爆後障害という、その正体すらわからない敵と、まさにゼロの状態から手探りで闘い始めたのである。

白血病に関しては、昭和二七（一九五二）年、プレスコードが解除された年に、広島赤十字病院小児科の医師だった山脇卓壮さんが、原爆と白血病の関係についての独自の研究結果を日本で初めて発表した。白血病で入院する子どもに被爆者が多いと感じた山脇さんは、広島市役所の保健課に何度も足を運び、戦後のすべての死亡診断書の中から、死因が白血病と記載されたものをピックアップし、統計を取った。さらに、遺族にアンケートを行ったり、主治医に血液標本を見せてもらうなどの調査を重ねた結果、「広島の被爆者の白血病発現率は、非被爆者の約四倍」という結果を得た。

今でこそ放射線と白血病との関係は常識になっているが、当時は医療関係者の間でもこのことへの関心は薄かった。まして、戦後の混乱の中、日々生きることに懸命だった市井の人々は、原爆のその後の影響について詳しく知る由もなかった。しかし、後障害という原爆の影は、戦災からようやく立ち上がろうとしていた広島の被爆者たちに、確実に、そして容赦なく忍び寄っていたのである。

## 禎子のカルテ

原爆の放射線が人体にどのような影響を与えるかを調べるために、アメリカが広島に設置したABCCは、昭和二六(一九五一)年、市内を見下ろす比治山という丘の上に七棟のかまぼこ型の研究施設を完成させ、広島の被爆者を対象に本格的な定期検診を開始した。被爆者の健康データを収集することで、放射線の人体影響を解明しようとしたのである。検診が始まった当初は「目的はあくまでも調査研究であり、治療ではない」というので、広島の人々の反感をも招いていた。

爆心地から一・八キロ以内で被爆した子どもたちも、検診の対象となった。幟町小学校六年竹組の児童の中にも、禎子を含め、何人か該当者がいた。検診日が来ると、子どもたちはＡＢＣＣから小学校に差し向けられた迎えのワゴン車に乗って比治山まで出かけて行き、身体の状態を隅々まで調べる検査に協力したという。

爆心地から一・二キロ、幟町の自宅で被爆した古田（旧姓・山重）真喜子さんは、ＡＢＣＣの検診について、こう記憶している。

向こうに行きましたら、頭からすっぽり被るような検査服に着替えさせられるんです。それがとっても嫌でねえ。下着も全部脱ぐんです。裸の状態にショーツだけはいて、その上にすぽっとエプロンみたいな感じ、そういう感じの検査服を着るんです。一一歳ごろの多感な時期に、やっぱり嫌でしたね。それで、尿検査とか血液検査とか、そんなのをやったように思いますけど。済んだあと、何かいただいたような気がするんですけど、ちょっと思い出せませんね。

リレーの選手だった地後暢彦さんも、爆心地から一・二キロ、下柳町の自宅で被爆、ＡＢＣＣの検診の対象になっていた。

あれは嫌な思い出でね。おぼえてますよ、しっかりと。迎えに来られてね、自動車に乗せられて、何しに行くんかなと。で、あそこへ行って、血液を採られて、レントゲンを撮ったかな。何しろ一番嫌なのは、白衣を着たアメリカ人の医者に、真っ裸にされて、写真を撮られると。これが六年生いうたらねえ、結構もうわかってるころだからねえ。もう二度と行きたくない、何で裸にして写真撮るんやと。

地後さんは中学に進学してからは、ABCCの検診を拒否するようになった。周囲から、「お前はアメリカがデータを取るためのモルモットになってるんだ」と言われ、癪にさわったのだという。

佐々木禎子も、同じようにABCCの検診を受けている。その記録が、ABCC廃止後、その調査研究事業を引き継いだ日米共同運営の財団法人・放射線影響研究所(放影研)のカルテ庫に保管されていた。そこには、ABCCが被爆者の検診データを収集し始めた昭和二〇年代後半から蓄積されてきた六万人分を超えるカルテがある。カルテには、個人個人の被爆したときの状況や、その後の健康状態が克明に記されている。

膨大な記録の中に、「佐々木禎子　428601」と書かれたバインダーがあった。六桁の数字は、被爆者一人一人に与えられた整理用のマスターファイル番号である。研究所は被爆者のプライバシーを保護するため、カルテを外部に公開していない。今回、私たちは遺族の了承を得たうえで、研究所から特別に禎子のカルテの閲覧を許された。

バインダーには約七〇枚の記録が綴じ込まれていた。ほとんどが英語で書かれている。禎子はABCCで合計六回の検診を受けているが、これらの検診時の所見だけでなく、被爆したときの状況、家族の病歴、かかっていた医師の紹介状、死亡時の解剖記録、地元の中国新聞が掲載した死亡記事の英訳なども収められている。まさに被爆者・佐々木禎子が、この一冊の綴りの中に凝縮されているのだ。

禎子が初めて比治山のABCCで被爆者検診を受けたのは、一九五四（昭和二九）年六月二四日である。ちょうど、六年竹組の仲間たちと放課後のリレー練習に励んでいたころのことだ。禎子はこの日、血液検査など、一〇項目にわたる検診を受けた。

記録によると、このときの身長は一三五センチ、体重は二七・二キロ。痩せてはいるが、ほかにこれといった異状は認められなかった。所見にはこう記されている。

She is in good condition / Appetite good / Sleep well / T.Ito
（彼女は健康である。食欲、睡眠ともに良好。T・イトウ）

所見はわずか三行。医師の目にもごく普通の健康な少女としか映らなかったのだろう。この検査の翌日、同級生の道原千鶴さんは、鉄砲町の禎子の家に遊びに行った。

私が遊びに行ったときに、禎子さんが「おやつよ」と言って出してくれたのが、チョコレートとビスケットだったんですよ。「昨日、比治山に行って検査したあとにこれをもらったんよ、食べようね」と言って、そこで食べた思い出があるんですけどね。それはAB

ＣＣで検査が済んだらいただくらしいんです。私ども、そのころあまり口にしない食べ物でしたから、おいしかった記憶がありますけど。

禎子が亡くなる一年半前のことである。このとき、禎子本人も周囲の人々も、前途にどのような悲劇が待ち受けているか、まったく知る由もなかった。

## 突然の発病

一〇月の運動会のリレーで優勝したあとも、禎子は六年竹組のクラスメートと楽しい小学校生活を送っていた。担任の野村剛さんの家には、日曜日になると竹組の子どもたちが誘い合って遊びに来た。野村先生の家は、広島市の南、海側の吉島町にあり、近くに旧日本軍飛行場跡の広大な原っぱがあった。子どもたちと先生は、この原っぱで鬼ごっこをしたり、海辺で貝掘りやカニ取りをして一日を過ごした。当時の広島は住宅事情が悪く、日曜日に狭い家の中に遊び盛りの子どもがいては親も困ってしまうだろうと考えた野村さんの配慮だった。

野村さんによると、禎子が最後に遊びに来たのは一二月中旬の日曜日だった。この日は二〇人くらいの子どもたちが集まり、三人一組に分かれて競う「手取り鬼」という遊びをした。大人の背丈を超えるくらいの高さに生い茂る葦の陰に隠れていて、相手の組が来たら出ていって捕まえる。禎子はいつもにもまして張り切り、自分よりも大きな男の子を次々と捕まえていたという。ゲームに負けた男子たちは、「佐々木、どうなったん、今日は。お前、今日は恐ろしく速いし、恐ろしく強いのお」と口々に言った。野村さん自身も、何かに憑かれたように「ものすごく暴れていた」禎子の姿を今も記憶している。

このころ、禎子の身体にはすでに異変が起きつつあった。「佐々木禎子　４２８６０１」のバインダーに綴じられたＡＢＣＣのさまざまな記録を総合すると、経過は次の通りである。

一一月の後半に禎子は軽い風邪をひいた。風邪そのものは三日程度で治ったが、下顎、首、左耳の後ろなどに複数のしこりができた。しこりは一向に消えないばかりか徐々に大きくなり、ついには顔が腫れて見える状態にまでなってしまった。明けて昭和三〇（一九五五）年一月一〇日に、禎子は近所の岡本外科医院で診察を受けた。本人には、痛みや発熱といった自覚症状はなかった。岡本医院では、抗生物質・ストレプトマイシンの注射を計四回行ったが、目立った効果は現れなかった。そこで禎子の両親は、娘を中町の畑川小児科医院で診てもらうことにした。佐々木夫妻はここで初めて、禎子の症状と被爆との関連性を医師から示唆され、ＡＢＣＣで精密検査を受けるよう勧められた。

一月二八日、禎子はＡＢＣＣで検診を受けている。前年の六月に続いて二度目の受診だが、この日の検診の名目は一応、annual examination（年に一度の定期検診）ということになっている。しかし、父の繁夫さんには、時期は定かではないが、「一度私のほうからＡＢＣＣに電話をして、検査をしてくれるよう頼んだ」記憶があり、あるいはこのときがそうなのかもしれない。

三日後の三一日には、母のフジ子さんがABCCを訪れ、面談している。フジ子さんはこの面談で「夫（繁夫さん）が禎子の症状を心配している理由は、新聞で最近身体中のリンパ腺が腫れて死んだ大学生の記事を読んだことと、禎子が原爆に遭っていること」だと説明している。ここからも、二八日の検診は、新聞記事を読んで不安になった繁夫さんが、禎子が一月七日に一二歳の誕生日を迎えたことを表向きの理由に、ABCCに依頼したものだったと推測できる。

事情はどうあれ、二八日の検診の結果、全身にリンパ腺の肥大が認められた。特に首全体、下顎、耳の後ろのしこりが目立っていた。しこりはスポンジ程度の硬さで、皮膚とは癒着していない。歯茎はやや赤く、少し肥大している。また、左脚の下部に外傷が原因と思われる斑状の皮下出血が認められている。

二月三日には、畑川小児科医院の畑川一政医師が改めて紹介状を書いた。禎子はその手紙を持ってABCCを訪れ、骨髄液を採取する検査を受けている。八日には、ABCC小児科のハリー・カメイチ・タケナカ博士が、紹介状に応える形で、畑川医師宛に手紙を書いた。禎子の検診結果の概略を知らせたあと、手紙はこう締めくくられている。

以上の検診の概略をあなたに送付することは、（禎子の）両親には知らせてあります。彼らがすぐにあなたを訪ねられるように。あなたがこのデータを解釈し、両親に説明してくれることに感謝します。もしよろしければ、血液学者として助言する立場で、私たちにこの患者を二か月ごとに診させてもらえないでしょうか。あるいは、あなたの望む検査をして差し上げることもできます。どうぞお気軽にご連絡を。

文面は、当時のＡＢＣＣのスタンスを端的に示している。「二か月ごとに観察したい」という申し出からも、禎子の症例に大いに関心を持っていることは明らかだが、それはあくまでもデータを取るためであり、両親への説明も含めて実際の医療行為を行うのは畑川医師のほうだというのである。

禎子が次にＡＢＣＣで検査を受けたのは、二月一六日である。この日の血液検査で、白血球が激増していることがわかった。その数、一立方ミリメートル当たり三万三〇〇〇。正常な人の五倍の数値である。初めて、「リンパ性白血病」という診断が下された。

白血病とは、骨髄やリンパ節といった造血器官が悪性化し、十分に成熟していない白血球細胞が血液中に異常に増殖してしまう病である。貧血、倦怠感、歯茎からの出血、皮下出血による紫斑などの出血傾向、発熱、肝臓や脾臓の肥大化、関節の痛み、感染抵抗力の低下などの症状を来たし、悪化すれば死に至る。禎子の場合、二歳のときに浴びた原爆の放射線によって造血機能が破壊されたことは、ほぼ間違いない。シアーズ博士らによる所見にはこう記されている。

患者は二週間前の訪問時と比べて、臨床的にはあまり変化はない。しかし、白血球の数が約三万と報告された。（中略）

この少女の血液異常がかなり急速に進行していることからすると、すぐに治療を行うべきである。ACTHが最も適した治療薬と考えられる。次はアミノプテリンである。

追記　アミノプテリンはABCCから提供可能。ACTHは不可。　シアーズ

検査結果は、翌一七日付で、ABCCのタケナカ博士から畑川医師に手紙で伝えられた。畑川医師は一八日に禎子の父・繁夫さんを招いて、事態を説明することにした。

父・佐々木繁夫さん

先生がちょっとはっきりものを言われないので、私のほうからお願いしますと言って、先生と二人で横の部屋に入りました。そこで聞いたら、先生は「私は早くて三か月、長くても一年は生きられん思う」と言われたんですよ。それはびっくりしましたですね。だって本人は元気でしょう。元気でおって、あと三か月って……。家内にも、すぐに言う勇気はなかったですよ。今考えても、ようふつうの顔をして病院を出たなあと思いますよ。（佐々木繁夫さん）

当時、白血病は不治の病とされていた。畑川医師は、禎子をすぐに大きな病院に入院させるよう、繁夫さんに勧めた。帰宅した繁夫さんは、フジ子さんと二人で悲し

みに暮れた。

もう三か月でしょ、長くても一年でしょ。その瞬間からもう禎子のことしかないと思ったんですよ。家内と二人で。もう寿命がないんだから、一日でも禎子を喜ばすことをって。それで旅行にでも連れて行ってやろう、京都へ行こうか、大阪へ行こうかと相談したんですよ。でも旅先で子どもたちが喜んでいるのに、親の私たちが横で涙を流したら、何のための旅行かわからんから、やめたんですよ。（同）

二人は話し合った末、禎子に晴れ着を作ってやることにした。繁夫さんは、その日禎子を小学校まで迎えに行った。ちょうど運動場で、六年竹組の子どもたちがリレーの練習をしているところだった。すでに運動を止められていた禎子は、ほかの子が走るのを座って見ていた。繁夫さんは、担任の野村剛さんだけに禎子を入院させることになった事情を打ち明け、娘を連れて校門を出た。親子はその足で八丁堀の呉服店に立ち寄り、銘仙の桜模様の反物を買った。フジ子さんは、親戚に協力してもらって、その夜のうちに娘の着物を仕立てた。

翌日、生まれて初めて晴れ着に袖を通した禎子は、無邪気に喜んでいた。そして、繁夫さんが「お医者さんが『ちょっと入院して、ここが腫れているのを診てもらったらようなる』と言うてだから」と入院の件を切り出すと、「うん」と素直に従った。病名は知らされなかった。

## 入院と治療

二月二一日、禎子は作ってもらったばかりの桜模様の着物を着て、千田町の広島赤十字病院（現・広島赤十字・原爆病院）小児科に入院した。戦前に建てられた病院の建物は、地上三階、地下一階、鉄筋コンクリート造りで、原爆の被害を受けたいわゆる「被爆建物」の一つだった。爆心地から南に一・五キロの距離にあった病院は、強烈な爆風で窓枠が歪み、内部の間仕切り壁が壊れるなど大きな被害を受けた。禎子が入院した当時も、階段の壁面には飛び散ったガラスの無数の破片が食い込んだままの状態で残され、惨劇を生々しく伝えていた。

禎子が入院した小児科は、婦人科とともに、中央病棟の二階、略して「中二階」と呼ばれる場所にあった。昭和二二（一九四七）年から広島赤十字病院に勤めていた元看護婦の山口（旧姓・保永）良枝さんは、当時、配置換えで「中二階」勤務になったばかりだった。初めて子どもの患者と接するようになってすぐに入院してきた禎子のことを、山口さんは今もよくおぼえている。

活発な感じのお子さんでしたね。明るくて、快活で。初めのころは、外見的にはリンパ腺が腫れていて、頬がちょうどおたふくみたいになった感じでしたが、それほど深刻な感じはありませんでした。入院しているほかのお子さんといっしょに、病院の中をふつうに歩き回って遊んでいましたよ。夜勤のときなんかも、ときどき看護婦の事務所に遊びに来て、おしゃべりしていました。

小児科に入院しているのは、まだ就学前の幼い子どもが多かった。家で妹、弟の面倒を見ることに慣れていた一二歳の禎子は、病棟でも自然と小さい子どもたちと打ち解け、半ばお姉さん役を務めながら、いっしょに遊んでいたのだろう。

禎子の主治医を務めたのは、小児科の副部長だった沼田丈治さん（一九二一年生まれ）である。今も広島市内で現役の開業医を続けている沼田さんは、昭和二八（一九五三）年から三二（一九五七）年までに赤十字病院で担当した二五例の白血病の子どもたちの診療記録をまとめた大学ノートを保管している。禎子については、二月二一日の入院から一〇月二五日に亡くなるまで四〇回以上行われた血液検査の結果など、八ページ分の記録が残されている。

記録によると、入院五日前のＡＢＣＣの検査では一立方ミリメートル当たり三万三〇〇〇だった白血球の数は、入院当日には三万七四〇〇、二週間後の三月七日には六万五四〇〇とさらに増加している。沼田さんは、二月から三月にかけて、一回一〇〇ccの輸血を八回実施した。健康な血液を補うことで、一時的にではあるが、血液の状態を正常に近づけようというものだ。また三月四日から二九日にかけて一六日間、毎日アミノプテリンを投与した。この薬は、シアーズ博士が所見の追記で触れている通り、ＡＢＣＣから提供されていたもので、白血球細胞の増殖を抑える働きがある。

投薬と輸血の効果で、三月末にはリンパ腺の腫れが小さくなり、四月四日の検査では白血球数は七五〇〇にまで減少した。しかし、これらの治療は病気の進行を遅らせ、症状を和らげるための対症療法に過ぎず、白血病そのものを根治させるものではなかった。そのころの医療水準では、これ以上の手の打ちようはなかったのである。沼田さんは当時を振り返り、こう語っている。

本人が楽になって、少しでも生活を楽しくね、楽に送れるようにしようという方法の一つですね。だから、医療そのものとしては非常につらいわけですね。もう、最後は見えてる。それを、いかに長引かせ、楽にさせ、少しでも残っている命を楽しく過ごせるか、その手助けをするだけなんですね。患者さんも苦しいけど、医者もそういう病気に対する治療は苦しいわけですよね。

ちなみに沼田さんは、それから二年後に入院してきた二歳の男の子の白血病を完治させることに成功した。このときは、日本でまだ使用できなかったプレドニゾロンとメソトレキセートという薬をABCCから供与され、組み合わせて治療を行った。小児白血病を完治させた例としては、おそらく日本で初めてである。さらに、医療技術が進んだ現在では、白血病は決して不治の病ではなくなってきている。しかし、禎子の時代には、白血病に対する根本的な治療の手立ては、まだ見つかっていなかったのである。

竹組のお別れ会に来た禎子（野村剛さん撮影）

## 竹組「団結の会」

三月一六日、禎子は病院から外出許可をもらい、両親に付き添われて幟町小学校へ出かけた。卒業式を前に、この日六年竹組でクラスのお別れ会が開かれたのである。会の途中で教室に現れた禎子は、例の桜模様の晴れ着に身を包んでいた。このとき、担任の野村剛さんが撮影した写真が残っている。五か月前の運動会のときの写真と比べると、明らかに頬や顎の下が膨れ上がっていて、痛々しい感じを受ける。禎子は仲間たちの寸劇や落語をしばらく楽しんだのち、会が終わる前に退出した。二五日の卒業式には、父の繁夫さんが禎子に代わって出席し、卒業証書を受け取っている。

野村先生は禎子が入院した際、その理由を教室でクラス全員にはっきりと説明していた。「佐々木は原爆の影響で白血病になった。もう長くないかもしれない。本人にはリンパ腺の病気ということにしてあるから、病名は本人に絶対言うな」というのである。小学生に対する説明としては、あまりにストレートすぎて乱暴な感もあるが、「子どもには正しいことを言うと

いたほうがよいと思った」と野村さんは言う。当然、子どもたちは大きな衝撃を受けた。被爆している児童はなおさらだった

原爆症で、もう半年くらいしか持たないよというのを、野村先生が教室でみんなに言ったわけですよ。そりゃもう、みんなシーンとなってねえ。びっくりしてねえ。で、まあ、原爆受けてる奴もいっぱいいいるから。まさかと、あの元気な禎子がなぜというのをみんな感じたんじゃないかねえ。僕ももちろん原爆受けてるし……。僕も元気だけど、こんなことになるんかなと。

（同級生・地後暢彦さん）

同級生・川野登美子さん

そのころ、よく中国新聞に〈原爆症で何人目の誰が亡くなった〉という記事が載ってたんですね。親が「ああ、また子どもが死んだんじゃね」と話すのも聞いていたんじゃないかと思うんですが、禎ちゃんが原爆症と先生が言われたときには、ショックでしたね……。あの禎ちゃんみたいに元気な子が何でっていう思いと、私自身原爆を受けているものですから、禎ちゃんじゃなくって、もし私だったらどうなんだろうかということが、何か私の胸の中で何ともいえん、気持ちがこう沈んでいくよ

うな、地の底へ落ちてゆくような感じを覚えました。

（同・川野登美子さん）

竹組の子どもたちにとって、禎子の病気は他人事ではなかった。卒業を前に、子どもたちと野村先生は、禎子に何かしてあげられることはないかと話し合った。そして「団結の会」を結成し、中学に進んだあとも、日曜日や放課後に、何人かでグループを組み、交替で病院に見舞いに行くことに決めた。会長には地後暢彦さんが選ばれた。禎子は、四月に入ってからは体調も安定していたので、天気がよい日は見舞いに訪れた友だちを誘って病院の屋上に上がり、中学校生活の様子などを尋ねていた。禎子は幟町中学校の一年生になっていたが、一度も登校したことはない。

禎子さんはタッタ、タッタと走って屋上に上がるんです。私はふーふー言いながら階段を上がって行くんですけど。屋上に出ると、「あそこが幟町小学校よ、あそこが野村先生のところよ」と指さして。それからしきりに学校の話をしてましたね。「運動会のときはこうだったね」「今、授業でこんなの習っとるんよ」とか。それで、また歌を歌うんです。

（同・道原千鶴さん）

禎ちゃん、とにかく学校のことを聞くんですよ。「中学ってどんなとこ？　早う、うちも行きたいよ」言うて、中学のことをいろいろ聞くんですよね。「英語っていうのは、遅れて行ってもわかるかね？」とか……。私たち自身、禎ちゃんが中学校に行けないってことがわかってるわけですよね。だから、中学校の話をするのがつらくなって、もうなるべく話をそらすようにしていたように思います。

（川野登美子さん）

見舞いに来た友人の前では、禎子は常に明るく振る舞い、病気の話はほとんどしようとしなかった。必ず病気が治り、中学校に通える日が来るのを信じて疑わなかったのか。それとも、心の中で募る病の不安を、努めて振り払おうとしていたのだろうか。

## 病の不安

五月五日、二五人の被爆した若い女性たちが、原田東岷医師らに付き添われ、山口県の岩国基地から米軍機で飛び立った。ニューヨークで、ケロイドの整形治療を受けるためである。やけどの痕が盛り上がり、皮膚が引きつる症状が女性たちを苦しめていた。「原爆乙女」、「ヒロシマガールズ」と呼ばれた彼女たちの渡米は、被爆から一〇年経てもなお原爆がもたらした爪痕が深いことを、改めて世界に訴える出来事だった。

ちょうどこのころ、禎子は病室を替わることになった。新しく移った二人部屋で、禎子とベッドを並べたのは、二歳年上の大倉記代さんだった。大倉さんは、前年の一二月から肺浸潤という病気で入院していた。現在東京に住む大倉さんは、広島赤十字病院の庭で禎子やほかの入

大倉記代さんと禎子。広島赤十字病院の庭で

院患者といっしょに撮影した数枚の写真をアルバムに収め、大切に持っている。どの写真を見ても、禎子の表情は硬く、笑顔は見られない。ふだんはよく笑うのに、カメラを向けられると急に畏《かしこ》まってしまうのだと大倉さんは言う。病室がいっしょになったばかりのころの禎子は、まだ体調も安定していて、無邪気に病院中を走り回り、内科や外科病棟にまで出入りしては皆にかわいがられていたようだ。

私たちの部屋は北向きなんですね。日が差さない部屋だったんですけども、向かい側の内科や外科のほうは日が差すんです。そこの若い患者さんが、禎子ちゃんと知り合いだったと思うんですが、挨拶代わりみたいに鏡を日に当てて、チカチカってやるんですね。そしたら禎子ちゃんがね、手鏡を持って脱兎のごとく部屋を飛び出して行くんです。どこへ行くかというと、彼女の前にいた部屋は、わずかに日の差す部分があって、そこで「お返し」って、応酬するんですね。そのすばやいことって。楽しかったんでしょうね、彼女は。

（大倉記代さん）

しかし、大倉さん自身は同室の禎子と、最初から親しくなったわけではないという。当時一四歳で思春期を迎えていた大倉さんは、まだ子どもらしさを残す禎子といっしょに遊び回るよりは、病室で静かに読書をしたり、文通相手に手紙を書いたり、詩を綴ったりして過ごすことを好んだ。

私はもう、思春期に入っていた年ごろでしたから、自分の内面的なこととか、身体の変化とか、そういうことに自分でもわからない戸惑いがいろいろあって、そういうことのほうに目が向いてた。友だち付き合いも、手紙のやりとりをずっとしてて、そういうことのほうが大事で、禎子ちゃんに対してはあまり関心はなかった。だから、冷たくしたというわけではないけども、禎子ちゃんにしてみれば、いっしょに遊んでくれるって感じはなかったかもしれないですねえ。

（同）

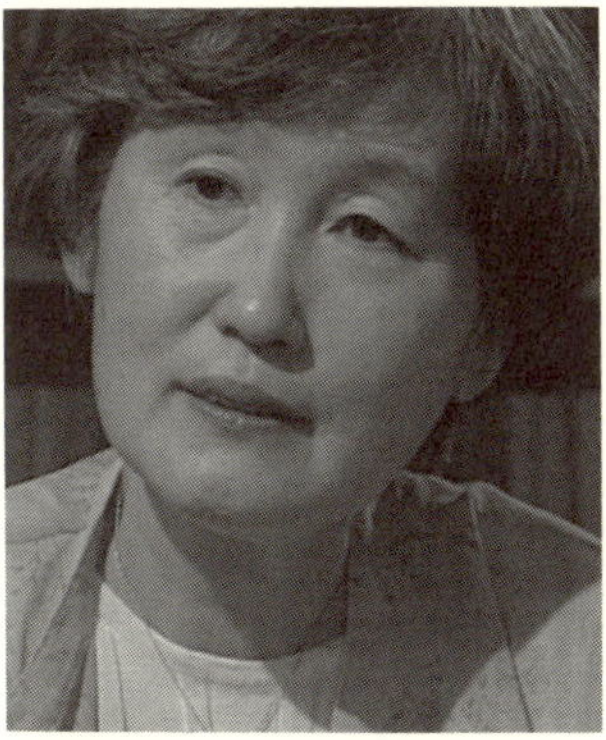

大倉記代さん

そんな大倉さんが、禎子と心から打ち解け合うようになったのは、梅雨のさなか、一つの出来事がきっかけだった。小児科病棟にユキちゃんという五歳の女の子がいた。禎子と同じく、白血病で入院していた。色の白い女の子だったが、二の腕や足などに皮下出血の紫の斑点ができていたのを、二人は知っていた。七月四日、そのユキちゃんが亡くなった。禎子と大倉さんは、お別れを言うために、病院の地下の遺体安置室に行った。焼香を済ませて、病室に戻る途中の暗い廊下でのことだ。

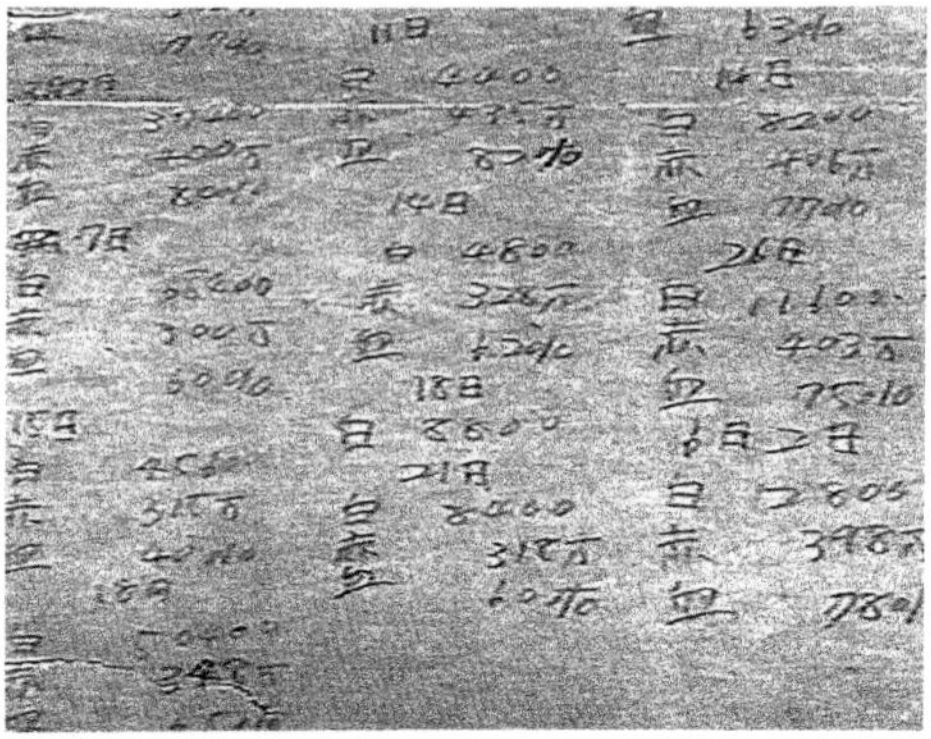

禎子が血液検査の結果を記していたメモ

雨が降ってたんですね。なんか、肌寒い日だったのをおぼえてますけど、突然彼女が、禎子ちゃんが、「うちもああして死ぬんじゃろうか」って言ったんですね。そのとき初めて私は、ああこの子は自分の病気を知ってるんだと思って、初めて彼女のほうを見たような気がするんです。それまでは自分のこと中心で、あんまり禎子ちゃんのこと見てませんでしたけど……。「そんなこと言うもんじゃない」って、思わず肩を抱いたんですけど、浴衣の上から触った肩が、すごく骨張っていて肉がないって感触だった。今でもおぼえてます。何か、二人でそこで抱き合って泣いたっていう記憶がありますね。

（同）

ふだんは周囲に明るく振る舞っていた禎子が、初めて病の不安、死の不安を口にした。白血病という病名は、誰からも知らされていなかった禎子だが、自分の病気が深刻だということには、ある程度気づいていたのではないか。

そのことをうかがわせる一枚のメモがある。入院した二月二一日から、ほぼ週二回行われていた血液検査の結果を、禎子自身がザラ紙に鉛筆で書き写したものだ。検査の日付とともに記された白血球、赤血球、血色素の数は、主治医だった沼田丈治さんのノートとも正確に一致している。

当時入院患者の間では、血液一立方ミリメートル当たりの白血球の数が「一〇万を超えると死ぬらしい」という根拠のない噂が広まっていたという。一二歳の少女は、検査のたびに増減する白血球の数を、どんな思いで書き写していたのだろうか。禎子のメモは、ユキちゃんが白血病で亡くなった七月四日で終わっている。現在、原爆資料館に展示されているこのメモは、禎子の死後、病院のベッドの下から出てきた。禎子がメモを取っていたことは、家族でさえも知らなかった。

## 鶴を折り始める

雨の日の廊下で禎子の胸の内の不安を受け止めた大倉記代さんは、それからできるだけ禎子といっしょにいて、話をしたり遊んだりするよう努めた。少しでも心の支えになってあげたいと思ったからだ。禎子のほうも大倉さんに親しみを覚え、大倉さんが好きな読書や文通などにも関心を示すようになった。禎子が初めて読んだ小説は、大倉さんに借りた森鷗外の『雁』だった。「禎子ちゃんは、今思えば、いわゆる女の子から少女期に少しずつ変わっていく、そういう時期にあった」と、大倉さんは回想する。

この年の八月六日、広島で第一回目の原水爆禁止世界大会が開かれた。前年の第五福竜丸事件を契機に、国内外で核実験に反対する声が高まっていた。原爆投下から一〇年、ようやく核兵器廃絶を求める本格的な平和運動が始まったのである。同じ日の平和記念式典で、渡辺忠雄広島市長は、原爆症の患者が満足な医療を受けられていない実状を平和宣言の中で初めて具体的に触れるとともに、今は健康な人でも発病の不安にさらされていると訴えた。八月二四日には、原爆資料館（広島平和記念資料館）が開館した。

禎子が折り鶴を折り始めたのも、この八月である。きっかけは、原爆忌を前に、名古屋の愛知淑徳高等学校ＪＲＣ（青少年赤十字）部の生徒から、「原爆症の患者さんに差し上げてください」という手紙を添えて、広島赤十字病院に送られてきたお見舞いの千羽鶴だった。八月四日の中国新聞に、この千羽鶴の記事が掲載されている。色とりどりのセロファン紙で折られた鶴は、禎子と大倉さんの病室にも届けられた。二人は感激し、自分たちも折ってみることにした。「鶴を千羽折れば願いがかなう」という言い伝えも耳にしていた。折り鶴と出会った禎子。これが、やがて世界に伝わっていく「サダコと折り鶴の物語」の始まりだった。

当時は今と違い、いわゆる折り紙（色紙）はなかなか手に入らなかった。二人は病院中を回って、お見舞いの包装紙や薬の包み紙をもらってきては、七センチ四方くらいの大きさに切り、競い合うようにせっせと鶴を折った。

朝起きて顔を洗いに行く前に折ったりとか、食事が来る前に暇ですから折ったりとか。やり始めるとおもしろいというか、ついつい熱中して、安静時間とか、検温の時間とか、ひどいときには消灯時間にもやってて、看護婦さんによく叱られました。

（大倉記代さん）

禎子の折った鶴

見舞いに訪れる友だちも、禎子が鶴を折るのに熱中している姿を目にするようになる。ときには、友だちが「いっしょに折ってあげようか」と申し出ることもあった。しかし、禎子はあくまでも自分自身で千羽鶴を折り上げることにこだわっていた。

千羽鶴をすごく折ってられましてね。ときどき、折る紙がなくなるんです。そのころキャンディー、飴玉をくるむ紙で、きれいな紙がありましたから、私がキャンディーを買って、きれいに紙の皺《しわ》を伸ばして、何十枚かたまると持って行ってあげるんですね。それであるとき、「私も鶴を折ってきてあげるわ」と言ったら、禎子さんは「これは私が自分で折らないと。自分で折り上げないと病気が治らないんよ」と言ってました。

（同級生・道原千鶴さん）

一か月も経たないうちに、禎子と大倉さんが折った鶴は、それぞれ千羽に達した。前章でも触れた通り、禎子が折った鶴の数についてはさまざまに伝えられているが、大倉さんはきっぱりと言う。

千羽は折ったんです。禎子ちゃんについては、のちに映画とかお芝居とか本とかいろいろ、いくつか伝説ができてしまって、その中には千羽折れなかったって話もあるんです。でも、私は「千羽折りました」って話してるんですけどね。あとは作品になさる方の感性で、訂正するとか、そういう問題ではないと思うんですけども。

六月ころから快方に向かっていた大倉さんは、ちょうど千羽鶴ができ上がった八月の末ごろに退院した。禎子は一人取り残されることになった。「お姉ちゃんはいいね」。ぽつりと言った禎子の言葉を、大倉さんは今も記憶している。大倉さんがいなくなってから、禎子は病室の外に出ることもめっきり少なくなった。そして、その数が千羽を超えてもなお、鶴を折り続けていた。

## 白血病との闘い

二月の入院から半年あまりの出来事を見てきた。この間、禎子の病状はどのような経過をたどっていたのか。もう一度、主治医・沼田丈治さんのノートを見てみよう。

入院して間もないころ、白血球の数が急増したあと、投薬と輸血の効果でいったん症状が和らいだことは前に述べた。それ以降、六月ころまでは比較的安定した状態が続いている。しかし七月に入ると、白血球の数が再び著しく増加した。七月一八日の検査では、血液一立方ミリメートル当たり一〇万八〇〇〇にも達している。また五月下旬から脾臓、七月に入って肝臓の腫れも認められるようになった。沼田さんは七月一三日から八月二日まで、再びアミノプテリンの投与を行った。白血球の数はまた一時減少したが、リンパ腺の腫れは改善されなかった。八月に入ってからは皮下出血などが見られるようになった。

輸血の回数は、八月末までで合計二六回に達している。病んだ造血機能そのものを回復させる根本的な治療手段がなかった当時は、輸血によって一時的に血液の状態を正常値に近づける対症療法を行うしかなかった。状態が悪くなれば、また輸血を繰り返す。ほぼ週に一回の割合で続けられた輸血は、一二歳の禎子にとって決して楽な治療ではなかった。

あの当時は輸血いいましてもね、今のような点滴のような形じゃないですから。一〇〇

cc の注射器、大きな針ですよ。やっぱりお子さんっていうのは、血管も小さいですしね。なかなかいっぺんに入りにくいし、針も大きいでしょう。とにかく、ゆっくりゆっくり、相手の状態見ながらするんです。「痛くない？　大丈夫？」とか、声かけながらね。一〇〇ccするのにも、相当時間かかりますね。大変なことです。受けるほうも大変、するほうも一所懸命です。禎子ちゃんは、痛がったり泣いたりすることはないけども、一所懸命、じっと耐えてるっていう感じでしたね。やっぱり少しでも早くよくなりたいという気持ちだったんじゃないかと思うんですけどねえ。

（元看護婦・山口良枝さん）

禎子は入院中、周囲に「痛い」、「苦しい」、「つらい」といった言葉を漏らすことはほとんどなかったという。もともと我慢強い性格だったこともあるが、おそらく、両親に余計な心配をかけまいと、気を遣っていたのだろう。親思いの禎子は、あるとき母親のフジ子さんが頭痛に悩まされていることを知り、一人で病院を抜け出して足を引きずりながら近くの商店街へ行き、小遣いで頭痛薬を買ってきたことさえあった。

実はこのころ、佐々木家の経済事情は非常に逼迫《ひっぱく》していた。父の繁夫さんが、保証人になっていた知人の多額の借金を肩代わりしなければならない事態に陥ったのだ。禎子の入院や治療にかかる費用も、家計に重くのしかかった。当時はまだ、国民健康保険も被爆者を援護する制度もない時代である。輸血のための血液も、患者の側が民間の血液銀行で購入するなどして用意する決まりになっていた。借金の支払いに困った佐々木家は、ついに五月の末、鉄砲町にあった三階建ての店舗兼自宅を売却し、基町の粗末なバラックに引っ越さざるを得なかった。禎子が病床にあってもめったに苦痛を口にしなかったのは、こうした家族の窮状を察していたからと考えられる。繁夫さんは今なお、禎子のことを思い出すごとに、「親として十分なことをしてやれなかったのが心残りだ」と繰り返し、涙ぐむ。

私は毎朝、トマトの新しいのを病室に持っていくんですよ。でも禎子は食べとらんのです。あのころジューサーが流行り出したんですね。トマトをジュースにして、砂糖でもちょっと入れたら禎子もおいしく飲んだろうにと思ってね。それから、あの子は歌が好きで、ラジオを聴きにほかの人の部屋に行っとったんですよ。だからジューサーとトランジスタラジオ、それを買ってやりたいなと思っても、買う余裕がなかったし、親として何もしてやれなんだですよ。

（佐々木繁夫さん）

九月下旬には、投薬によって抑えられていた白血球数が三たび増加、六万七〇〇〇に達した。それまで軽度の減少しか見られなかった赤血球の数も急激に減り始める。脾臓、肝臓はさらに肥大し、胸などに皮下出血が認められた。リンパ腺もさらに肥大、両側の耳の後ろ、首、顎の下、腋《わき》など、腫れは全身にわたった。

同級生だった佐々木（旧姓・根占）宏子さんが、最後に禎子に会ったのは、一〇月の初め、母校・幟町小学校の運動会だった。禎子は五つ年下の妹・美津江さんが出場するのを見るために、病院から外出許可をもらって来ていたのだろう。

私も妹がいるから行ってたんです。そしたら妹の美津江ちゃんが私を見つけて「お姉ちゃん来てるよ」と言うから、私は長いこと会ってなかったから、治ったんだと思って、喜んで走っていったんですよ。「佐々木さん、治ったん、よかったねえ」って、後ろから肩を叩いたんですけど、振り返ることもできないんです。首から顎のあたりが腫れて、まっすぐって感じなんです。身体といっしょに回らないと振り返られない感じ。印象が全然違ってました。とにかく、全然生気がないっていうんですか、顔色悪くって。子ども心に、怖いって感じのほうが先に立ちました。

(同級生・佐々木宏子さん)

このころ、禎子は食欲不振、頭痛、不眠などの症状に悩まされ、左膝から下が激しく痛むようになった。発熱が四〇度近くになることもあった。それでも彼女はじっと耐えていた。誰かから「痛み止めを打つと治りが遅くなる」と聞かされた禎子は、早く治りたい一心でその言葉を信じ、痛みを和らげるための注射を一切拒んでいたという。炎症を抑えるために、コーチゾンという副腎皮質ホルモン剤が投与されたが、症状は改善されず、日に日に悪化していった。

## 小さくなった折り鶴、そして死

禎子の折り鶴は千羽を超えたあと、次第に小さくなっていった。父の繁夫さんの元には、禎子が最後に折っていた小さな鶴が五〇羽ほど、そのとき使っていたプラスティックの容器に入ったまま残されている。いずれも一、二センチほどの大きさで、さまざまな色のセロファンやキャラメルの紙などを小さく切って折られている。なかには、まだ折りかけのものもある。身体中の痛みが激しくなっても、禎子は針の先できちんと折り目をつけながら、一羽一羽を丹念に仕上げていた。繁夫さんは、この小さな鶴に「生きたい、元気になりたい」という禎子の思いが込められていると語る。

だんだん小さくなっていくんですよ。針の先で一所懸命、真心こめて折るわけですよ。きれいなのをですね。これでなんぼになったという喜びじゃないんですよ。これでようやく一羽できたという喜びですね。根を詰めるのがわかるから、「あんまり根を詰めるとだめよ」って何回言っても、「いいから、いいから、考えがあるんだから」としか言わなんだですよ。（佐々木繁夫さん）

一〇月二五日の朝、禎子の容態が急変する。前夜から病室に泊まり込んでいたフジ子さんか

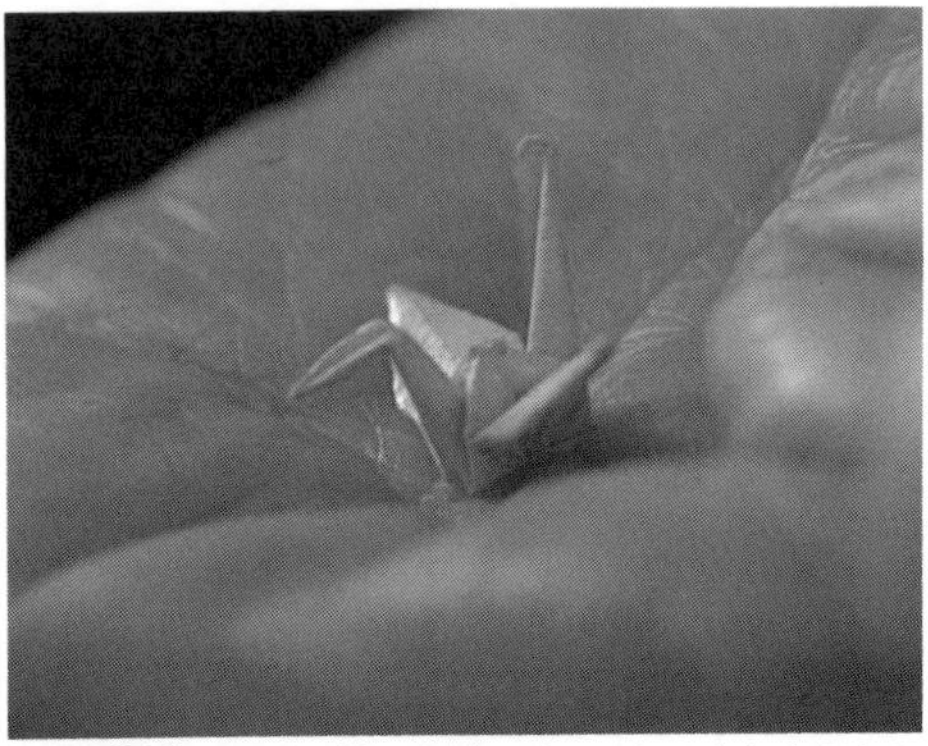
禎子が最後のころに折った鶴。手のひらに小さく収まる

らの電話で、店で仕事をしていた繁夫さんは病院に向かった。学校に行っていた兄の雅弘さんらきょうだい三人も駆けつけた。九時ごろ、繁夫さんが部屋に入ると、禎子は目を開けていた。そして、父親に「今日は先生が来ちゃったけど、注射も何もしてもらってないんよ」と訴えた。繁夫さんは、医師の沼田さんに頼んで、本人を安心させるために気休めの注射をしてもらった。

それから禎子は「お茶漬けが食べたい」と言った。繁夫さんが「表の食堂でご飯を買うてきて」と雅弘さんに命じると、禎子は「食堂のはいらない。病院のご飯でいい」と言った。

最初ひと口、口に入れてやったら、「おいしい」言うたんですよ。それで二口目を入れたら、食べて、ことっと死んだですねえ。だから、死ぬ間際まで、ものを言いよりましたですねえ。意識がしっかりしとったと思いますよ。　（同）

午前九時五七分、禎子の一二年の生涯は終わった。あの原爆から一〇年二か月あまりが経過していた。枕元には最後まで折り続けていた小さな鶴が残されていた。

遺体は比治山のABCCに運ばれ、研究のため解剖された。禎子の身体は、骨髄、内臓など、ほぼ全身にわたって病に冒されていた。死亡診断書に記された病名は、亜急性リンパ性白血病である。また解剖の結果、白血病だけでなく、喉の下の甲状腺に癌ができていたことも判明した。一九八六年のチェルノブイリ原発事故のあとにも、放射線被曝した子どもの甲状腺癌の多発が注目されたが、広島でもこのころから被爆者の甲状腺癌が多数見られるようになる。禎子の例は、子どもの甲状腺癌としては初めてのものだった。

翌日の中国新聞が、禎子の死を報じている。この記事には、被爆した場所や血液検査の数値、死亡時刻など、いくつも誤りがあるが、とりあえず原文のまま引用する。

**一四人目、禎子さん死亡**
**原爆症　昨秋から異常訴う**

呪わしい悪魔の爪痕は、またも十年前に被爆した一中学生の生命を奪い、今年で十四人目の犠牲者を出した。

この中学生は佐々木禎子さん（一四）＝広島市幟町中学校一年生、市内鉄砲町十五番地＝で、あの日佐々木さんは一キロ半離れた鉄砲町の自宅で被爆したが、奇跡的にも無傷であった。

以来中学校へ進むまで、何の異常もなく、体育部に籍をおいて勉学していたところ、昨年秋、急に身体がだるくなり、貧血も激しく、また首やワキ下のリンパ腺がはれてきた。

そこでことし一月末原爆症の疑いでＡＢＣＣで検診の結果亜急性リンパ性白血病の疑いがあると診断され、二月二十一日、日赤広島病院に入院し加療中であったが九月のはじめになって脾臓が四センチから五センチ、肝臓が四センチにはれさらに血液が赤血球一万千八百、白血球百三万となり、このためコーチゾンや輸血などで手当を加えたが、一進一退の状態であった。

十月に入り病症は一向よくならず、熱も三八、九度を上下し食欲もなくなり、歩行も全くできなくなった。そしてさらに身体全身にハン点もみられ、ついに二十五日朝十時五十五分亡くなった。

**金子広島赤十字病院小児科医長談**　佐々木さんは、中心より一キロ半以内で被爆しているところからみて、原爆症に間違いはないと思う。病状も明らかに原爆症特有の症状がみられる。

（「中国新聞」一九五五年一〇月二六日付）

見出しに「一四人目」とあるのは、この年、広島の原爆の後障害で亡くなったと考えられる人が、禎子で一四人目になったという意味である。これより少し前、原対協（広島市原爆被害者治療対策協議会）は一月から九月まで一二人が原爆症で亡くなったと発表している。禎子の死の前日に一五歳の少年が亡くなっていることから、禎子は一四人目に数えられたようだ。ちなみにこの年一年間では、合計一六人が原爆症の犠牲になっている。

通夜と葬儀は、空鞘町（現・十日市町）の真光寺で営まれた。六年竹組で席を並べた同級生たちも知らせを受けて、駆けつけた。同級生たちは小学校卒業にあたって「団結の会」を結成し、しばらくは交替で禎子を見舞っていたが、中学に入ってそれぞれの世界が広がるにつれて次第に見舞いの回数も減っていった。二学期に入るころにはすっかり足が遠のいていたため、彼らの多くは、禎子の病状がそれほど悪化しているとは知らなかった。子どもたちにとって、死の知らせはあまりに唐突だった。

一番そのときに思ったのは、もっとお見舞いに行ってあげればよかったという、私はそういう気持ちでしたね。毎日お見舞いに行っていたのに、中学になって、だんだん足が遠のいていたってことが、自分の責めになったというか。もっとお見舞いに行って、慰めてあげて、もっと何とかしてあげればよかったっていう思いでしたかね。それと、死というものに初めて直面した、それも親友だった禎ちゃんだということで、何ともいえぬショックの大きさが涙になってあふれ出たんです。（同級生・川野登美子さん）

二週間前、妹の運動会で最後に禎子と会ったとき、その容貌があまりに変化しているので「怖い」と感じた佐々木宏子さんは、禎子の亡骸と対面することに気が進まなかった。

学校のほうに亡くなったっていう知らせがあって、友だちとすぐ、夕方ですけど、お寺さんのほうへ行きました。でも、この前会ったとき、すごく怖かったから、お棺の中に寝かしてある禎子さんに会うのが怖かったんです。そしたら、一番下の弟さんが「ねえ、見て見て。お姉ちゃん、すごくきれいなんだよ」と私に言うので、恐る恐る近づいてみたら、それはまあ、きれいで、天使のようにきれいで。私がこの前会った禎子さんが嘘みたいで、すごく楽になって、天使になったっていう感じでした。私はそのときにホッとしましたねえ。「よかったね、苦しさがもうなくなったんだね」と声をかけたように思います。

花に囲まれ、死に化粧を施された禎子の顔が、ことのほか安らかで美しかったという印象は、参列した多くの同級生が抱いている。禎子は、まるで何かを語りかけてくるようだった。

きれいだなと思って見たのはおぼえてます。うっすら口紅してね。話しかければ、返事するんじゃないかという感じ、今も印象あります。もう四〇年以上になりますよねえ。

（同級生・空田寛美さん）

お棺の中の禎子の顔をね、今でもしっかりおぼえてますけどね。花に飾られて、きれいにお化粧してもらって、かわいい禎子だったですねえ、死に顔が。あれを見てねえ、僕、涙が出ましたよ。「ごめんね」いう感じでね。今思い出してもぐっとくるんだけど、「（見舞いに）一回しか行けんで、ごめんのう、禎子」と、ほんと、思ったです。

（同・地後暢彦さん）

六年竹組の同級生たちは、何もしてあげられなかったという悔しさと、他人事ではないという思いでいっぱいになった。禎子が病室で折っていた折り鶴は、形見として葬儀に参列した同級生たちに手渡された。このとき配られた鶴のうち一九羽が、のちに空田寛美さん、幡生昌子さんによって原爆資料館に寄贈され、現在も展示されている。

# 3

# 「原爆の子の像」誕生

「原爆の子の像」（平和記念公園）

## 立ち上がった同級生たち

佐々木禎子の死から二週間経った昭和三〇（一九五五）年一一月八日。二七日《ふたなぬか》に当たるこの日、広島市基町の佐々木理髪店に、旧幟町小学校六年竹組「団結の会」の子どもたちが集まった。三〇人ほどの人数が、狭い理髪店の土間に敷いたござの上に座っている。見舞いを続けるという禎子との約束を十分に果たせなかった悔いが、一人一人の胸を締めつけていた。今、自分たちにせめてできることはないか。たとえば、これから毎月禎子のお墓参りを続けてはどうか。しかし、佐々木家のお墓は三次にあるから、そんなに頻繁にお墓参りはできない。ならば、いっそ自分たちの手で、広島に禎子のお墓を建てられないか。同級生たちは、禎子が亡くなってから、とにかく何かをしなければ気が済まないという思いで、こんな会話を繰り返していた。

この席で、かつての担任・野村剛さんが、彼らに一人の青年を紹介した。当時二六歳だった河本一郎さん（一九二九年生まれ）である。禎子の死を新聞記事で知ったという河本さんは同級生たちに、禎子だけでなく、原爆の犠牲となったすべての子どもの霊を慰めるために、「原爆の子の像」を作ったらどうだろうかと提案した。

河本さんは、南米のペルーで日本人移民の子として生まれた。二歳で父と死別し、一三歳のときに母とともに日本に帰国する。その母も亡くなり、一人になった河本少年は広島市の東、安芸郡坂町の火力発電所で働くことになった。原爆が投下されたとき、爆心地から五キロ離れた発電所にいた河本さんは、翌日から四日間、救護隊の一員として広島市内に入り、自らも残留放射線を浴びた。いわゆる「入市被爆」である。戦後、「原爆一号」と呼ばれた吉川清さんたちが始めた被爆者運動に加わった河本さんは、被爆から何年も経つというのに、原爆症に苦しみ亡くなる子どもたちが絶えないヒロシマの現実を憂い、もっと世の中に訴えたいと考えていた。

八月六日の痛ましい惨状は、たとえば原爆資料館を訪れてもらえば、ある程度わかります。でもその後、放射線の影響で殺され続けていく子どもたちやら市民のことは、実感がなかなか伴わないんですね。できたら、原爆資料館を出たところにでも、小さくても、今でもこうやって子どもたちが亡くなっているんですよ、殺され続けているんですよという事実の証拠を建てられないものかと……。今、友だちを亡くしたあなたたちが「核戦争はいけない。禎子さんや多くの広島・長崎の原爆の子たちのことを忘れないでほしい」と国内外の人に呼びかけて、像を作る運動をやってみませんか、やるやらないはあなたたちの気持ち次第だからと、禎子さんの家のお店の土間で、ご相談したわけですね。

（河本一郎さん）

河本さんの呼びかけを受けて、「団結の会」の子どもたちは話し合った。そんなことがほんとうに自分たちにできるのだろうか。不安はあったが、とにかく禎子のために何かをしたいという思いが彼らを行動へと駆り立てた。もちろん、友の命を理不尽に奪った原爆や戦争に対する憤りとやりきれなさもあった。

原爆は悪魔だとか、何で子どもの命まで取らにゃあいけんのかとか、そんなことを思ったですよ。一つも戦争に参加してないのに、とか。何で子どもまでという思いはいっぱいしたですよ。

（同級生・地後暢彦さん）

私自身が原爆に遭って、兄を亡くしたりしてますので、原爆は憎い。そのうえ、禎ちゃんっていう親友を失ったという、すべてを含めて、原爆そのものに対しては二度とあってはならないというか、すごい腹立たしさを感じていました。

（同・川野登美子さん）

折しも広島では、第六回全日本中学校長大会が開かれようとしていた。全国の中学校から二〇〇〇人の校長が集まるというものである。河本さんは、この機会を利用して、像の建立を呼びかけるビラを配ってはどうかと言った。三日後の夕方、「団結の会」の有志が母校・幟町小学校に集まり、野村さんの協力でガリ版刷りのビラ二〇〇〇枚を作成した。

確か一〇円ずつだったかな、藁半紙を買う費用をみんなで出して、幟町小学校のガリ版でビラの印刷をしました。今みたいに技術が発達してませんし、子どもが鉄筆で書いた字ですから、きれいに写らないところは、あとから全部手で書き足して、夜遅くまでかかってやったようにおぼえています。

（同・古田真喜子さん）

同級生の一人、山本清司さんが、このときのビラを一枚だけ保存している。古田さんの証言にあるように、ところどころ青インクの印刷が薄い箇所があり、あとから鉛筆書きで補ってある。子どもたち自身が考えたという文面は、次のようになっている。

原爆の子の像を作りましょう

今日、日本中の校長先生があつまられることを知り、私たちはおねがいを発表させていただきたいと思います。

私たちの仲よしであった佐々木禎子さんが十月二十五日、原子病で死んでしまわれたのです。私たちとは小さいときからの友であり、ともに学びともに遊んで楽しくすごしてきたのに、その罪もない禎子さんが今年の一月、とつぜん病気して、九か月のながい間かかってなくなられました。

私たちは禎子さんが原爆のことをいって死んでいかれた心が、悲しくてなりません。でももうしかたありませんから、せめて原爆の子の像を作って、おなじようになくなられた子らの霊をまつってあげたいのです。

それで私たちの計画を全国の中学校のお友だちにうったえて、賛成をしてもらってください。
どうかこのことを校長先生から中学生のお人におつたえください。とくにおねがいしにまいりました。

広島市立幟町中学一年生
故佐々木禎子級友一同

一一月一二日、山本清司さん、川野登美子さんら「団結の会」メンバー八人が、全日本中学校長大会の会場、広島市公会堂に出向き、三日間の会議を終えて帰途につく校長たちにビラを手渡した。無我夢中で二〇〇〇枚を配った中学生たちには、このビラがどんな反響をもたらすことになるのか、まったく見当がつかなかった。

## 運動の広がり

実は、「団結の会」がビラ配りを行う前、全日本中学校長大会の委員長を務めていた幟町中学校の田中元逸校長が、開会式の挨拶の中で禎子の死について言及していた。その時点では、まだ子どもたちと河本さんの思いつきに過ぎなかった「原爆の子の像」建立計画だが、ビラを手にした校長たちには、あたかも幟町中学校が公式に取り組んでいる運動であるように受け止められたのかもしれない。すぐに各地の学校から、「原爆の子の像」の建立に役立ててほしいという募金が、幟町中学校生徒会に寄せられるようになった。

この年一二月二四日付の「幟町中学新聞」には、ビラが配られてからわずか一か月あまりで、島根、秋田、新潟、徳島、愛媛、石川、北海道などの学校から全部で九件、一万四六〇七円の募金が送られてきたと記されている。さらに、幟町中学校に寄せられた次のような手紙も紹介されている。


広島の全国中学校長会では、皆さんの学校の校長先生に随分とお世話様になりました。(中略)その折り、皆さんの代表から「原爆の子の像を作りましょう」の印刷物を戴きましたが、私大変心打たれるものがあり、貴い皆さんの企てを私の学校の生徒へ確かに伝えました。

いづれ生徒会長から手紙が参る事でしょうが、芦別市内の中学校は勿論、空知郡の内の中空知の中学校約三十校に別紙の様な、印刷物を送り、私から中空知の校長会で皆さんの企てをよく説明致しましたから各校から通信されると存じます。

どうか皆さんの運動を校長先生にお願いして全校的、全国的におし拡げ、徳川時代の世の母たちの悲願が地蔵様を生んだ様に是非「原爆の子の像」が出来上る様がん張って下さい。及ばず乍ら私共も一生懸命に協力致します。

校長先生、担任の先生に宜しく申上げて下さい。

十二月十二日

北海道芦別市西芦別中学校長
羽二生武夫

広島のみなさん、本当に心から同情します。詳しいことは校長先生よりお聞きいたしました。皆さんの級友である佐々木禎子さんが、原子病で亡くなったそうですが、ほんとうにかわいそうなことです。

これは誰がやったのです。

みんな原爆がやったのです。

再びこの恐ろしい原爆の惨をおこさないことです。

広島のみなさん。この為に頑張って下さい。私たちも一緒になって頑張ります。それから「原爆の子の像」を作るにあたって、私たちも少ないながら、お手伝いさしていただきます。これは私たちの学校の全生徒二八六人によって、二五八七円のお金が集りました。

私たち全生徒が広島のみなさんに同情をこめて、さし出したお金です。これで「原爆の子の像」を作る少しのたしにでもして下さい。最後に広島のみなさんの御幸福と御健康をお祈りしてお別れいたします。

新潟県湯沢町立

湯沢中学校生徒会

全国から次々に寄せられる募金と激励。この思わぬ事態に、幟町中学校は何らかの対応を迫られることになった。同じ号に掲載されている田中校長の文章が、この間の経緯を物語っている。

（前略）実は私もこれには驚いている次第で、まだ本校としても何も醵《きょ》金の支度もしていないし、相談もよくして居ないので、一応生徒会でお預りしています。これは将来、全国的に正式に呼びかけ、本校一校だけの仕事でなく、全市の小、中、高の犠牲者を弔うものでなくてはならぬと考えます。そこでこの問題を、各校の生徒会に呼びかけ、全市の児童会生徒会の仕事としたいと思います。そして全国の生徒会に広島の皆さんのこの悲願をつたえ、集まったお金で立派な「原爆の子の像」を作りたいものであります。

全国の子供の手で作られた慰霊の像は、キット世界の各国から此の地をおとづれる人たちを驚かし、敬けんな平和への祈りの対象となることと信じます。私達は罪もとがもない当時の少年少女達が累々として死んでいた姿を想い起し、相次いで毎年尊い犠牲者となられた学生、生徒諸君の冥福を祈る為に、この計画を大々に発表し、運動したいと思います。これが生き残った私達の義務であると信じます。その第一声を本校からあげるわけであります。

（改行・筆者、そのほかは原文ママ）

「原爆の子の像」建立に向けた募金運動（1956年、中国新聞社提供）

旧六年竹組「団結の会」の子どもたちが始めようとした「原爆の子の像」建立運動は、こうして幟町中学校が学校をあげて公式に取り組む活動になった。そして、文章の後半で田中校長が構想を述べているように、このプロジェクトは幟町中学校だけでなく、ほかの学校をも巻き込む大きなものに発展する。明けて昭和三一（一九五六）年一月二八日、広島市内の小、中、高校の約一〇〇人の児童、生徒が参加して「広島平和をきずく児童・生徒の会」が発足した。以後この会が、建立運動の主体と位置づけられていく。

「広島平和をきずく児童・生徒の会」では、改めて全国の学校に三万通の像建立の趣意書を郵送した。また八丁堀など繁華街の街頭で、一般市民にも募金を呼びかけた。

意外なことに、この「きずく会」には、像建立を最初に呼びかけた「団結の会」のメンバーは誰一人名を連ねていない。「きずく会」は、「団結の会」とはまったく別のところで、主に各学校の生徒会役員等を中心に結成されたようだ。

もちろん「団結の会」メンバーも、「きずく会」が街頭募金を行う際に、募金箱を持って繁華街に立ったり、礼状を書くなどの協力はした。また、生前の佐々木禎子をよく知る彼らは、マスコミの取材や集会など、ことあるごとに「きずく会」の活動に引っ張り出された。しかし、「きずく会」が建立運動の主導権を握ってしまったため、「原爆の子の像」の発案者である彼らは、その後の運動を自分たちの手で進めることができなかった。まだ中学生だった彼らは、運動が思いのほか大きく広がっていくさまを見つめながら、複雑な思いを抱くようになる。

我々が最初、河本さんから聞いて始めた。で、全国から募金が集まりだした。僕らは中学一年生、そのときね。募金が集まりだしたから、生徒会が動き出した。市内に「きずく会」というのができた。中学一年で、生徒会の役員でもないし、何かねえ、僕らから手が離れたと。子ども心に、「原爆の子の像」という運動が、ポーンと大きな運動になっていったんで、取り残されたという、寂しい思いというかねえ。嫌気がさしたとまでは行かないのだけど、そういう思いはしたですよ。

（地後暢彦さん）

そうした思いをよそに、「原爆の子の像」建立運動は着々と進んでいった。この年の末に募金を締め切るまで、全国から約三〇〇〇件、合計五四〇万円もの金額が集まった。一〇月には像の製作を東京芸術大学の菊池一雄教授に依頼することが決定した。翌昭和三二（一九五七）年一月には、渡辺忠雄広島市長から平和記念公園の中に「原爆の子の像」を建設する許可を得た。

## 追悼文集『こけし』

「原爆の子の像」を作る運動が行われている最中の昭和三一（一九五六）年七月、一冊の小冊子が発行された。佐々木禎子を追悼する文集『こけし～星の一つに～』である。

発行者は「広島市立幟町中学校こけしの会」。この会は、禎子と六年竹組でいっしょだった同級生たちのうち、幟町中学校に進学した生徒三九人が、同校の松浦幸雄教諭の呼びかけで結成したものだ。会の名前と文集の表題を『こけし』としたのは、禎子が生前こけしが好きだったことに由来する。少しややこしいのだが、小学校卒業のときに作られた「団結の会」の中に、また別の会ができたことになる。

追悼文集は四部構成。第一部は「禎ちゃんの筆のあとから　お母さん……お父さん……」と題され、禎子が遺した作文や手紙、遺族の手記、主治医の沼田丈治さんらによる追悼文からなっている。続く第二部は同級生一人一人が、禎子への思いを込めて書いた作文や詩を掲載している。第三部では「原爆の子の像」の運動に対して全国から寄せられた手紙を紹介し、最後の

第四部には「こけしの会」メンバーが合同で書いた「星の一つに平和を誓う」と題する作文などが収められている。

「原爆の子の像」の運動の広がりとともに、「原爆症に倒れ、鶴を折りながら死んでいったヒロシマの少女」禎子の話が次第に世の中に知られるようになっていくのだが、この『こけし』の発刊はその一つのきっかけとなる。禎子の死から一年も経ていない、まだ記憶や思いが鮮明な時期に、身近な人々によって綴られた言葉は、のちに国内外の作家たちがサダコを題材にした小説や映画作品を創作する際にも、貴重な参考資料になった。

級友たちが禎子の死をどう受け止めたのか、これまでも触れてきたが、改めて『こけし』に掲載された作文や詩の中から、印象的なものを紹介したい。

追悼文集『こけし～星の一つに～』表紙

家が近所だった佐々木（旧姓・山口）昌子さんは、幼いころから禎子といっしょに、自分の家の庭でイチジクの実を採ったり、おじゃみ（お手玉）をして遊んだ仲だった。昌子さんの作文は「さくら草の花」と題されている。

私の家は、佐々木さんの家からだいぶ近かったのでいっしょに行ったり、帰ったり、又家に行ったりして勉強したことがあった。
六年生の時、劇でおめんを作ってこなけれ

ばいけない時、いっしょに書いた。佐々木さんはほんとにやさしく親切でした。とくに力の弱い人には人一倍親切であった。入院されて今年の四月、私があこがれの幟町中学校から帰ってから、家の庭にさくら草が咲いてたので、一かぶもっていってあげました。持っていってあげると大変よろこんでおられた。

佐々木さんは私に「何組、一年生は十二組もあるのね」ときかれました。私も見てあげればよかったのに、ついうっかりしていた。

「明日見て来て、電話でしらせてあげるわ。」といって、翌日しらせてやったこともある。私は佐々木さんと一年生の時一しょに入学した。そして二人とも同じ組だった。ランドセルを背負って佐々木さんは大きなおめめをしてとびながら、学校に行ったものだった。それは今から八年も前の思い出である。

私は佐々木さんの死にあって、人間はいつ死ぬるか分らんなあと思います。あんなに早く死ぬのだったらもう少しよくしてあげればよかったのにと残念でたまりません。それと同時にかわいそうです。

佐々木さんの家にことしもさくら草をもっていって仏様にあげるつもりです。

原爆で両親と妹を亡くし、親戚の家で育てられた蔵田修治さんは、「僕達は考えよう」と題した作文で、多くの人の命を奪い続ける原爆の罪を強く告発すると同時に、見舞いを続けられなかった自分たちへの呵責の念を語っている。

「原爆」この二文字の悪魔が幾万の人々の命を飲み込んだのだ。今日十年たっても原爆という悪魔は消えさらない。現に今でも、原爆症で死んで行く人もある。世の中の人はどういう風にみているのだろうか。幾万という人々を食い殺した原爆も、もとを云えば戦争という大悪きわまる奴のしわざである。

思えば三十年十月二十五日、一人の犠牲者を出した日である。この日の犠牲者が我等の級友であった禎子さんである。君はほんとうによく長い間がまんした。小学四年の時から、まる二年欠席一つせず、元気に学校に通っていた禎子さんが、ある日急に休んでしまった。始めの内は皆気にかけなかったが、三日、四日の休みが重なるにつれて皆が心配しだした。それから一週間ばかりたったある日、先生が話して下さった。禎子さんはいま原爆症という病気にかかっているので、当分休むと手紙がきたといわれた。

禎子さんは二歳の時に原爆をうけたのだ。禎子さんはよいことをしていて、何も悪いことはしてなかったのに。

禎子さんが入院してからは、毎日のようにクラス会を開いては討議した。そして皆が交代で見舞に行くことになった。そうしている内にも、禎子さんの病気の状態もだんだん悪くなるばかりであった。

やがて僕達はあこがれの中学校へ入学した。

中学へ入ると皆そのことに熱中しなくなった。僕達の熱意がたらなかったのだ。僕達が悪かったのだ。どんなにか淋しかったろう。病院で一人でたいくつだったろうと思う。

十月二十五日禎子さんは遂に死んだのだ。葬式はその翌日相生橋の近くの寺で行われた。皆で思いきりないてやった。

花に囲まれながら静かにこの世を去っていった。もう佐々木さんにはあえないのだ。ほんとにおしいことだ。僕は残ねんでたまらない。原爆で苦しんでいる人に僕達はも少し考えようではないか。そうしないと又第二の佐々木さんが出るかも分らんから。佐々木さん、静かに安んで下さい。(原文ママ)

六年竹組「団結の会」会長を務めた地後暢彦さんは、「君は悪魔に殺された」という詩を書いている。

君を殺したのは誰だ。
そいつは悪魔だ。原爆だ。あのヒカリだ。
憎い憎い原爆だ。
おれは死ぬまでお前をうらんでやる。
何の罪もない子供を、友達の生命を
お前をとる権利があるのか。
　君は悪魔に殺された。

君を慰める唯一の道は
　原爆をこの地上からなくすことだ。
君よ安心したまえ。きっときっとぼくらの手で
　世界に呼びかけてなくしてみせる。
　　原爆の使われることを。
　　世界の平和の来る日まで
　　なくしてみせる　にくいお前の姿を。
　　　なくさなくては気がすまぬ。
　　　　なき友のために。

ところで、禎子の母親・佐々木フジ子さんは、「禎子よ、もう一度この胸に」と題した手記を寄稿している。二段組で八ページにも及ぶ長文の手記だが、その中に千羽鶴についての記述がある。

友達から聞いた千羽鶴のまじないを信じて、広告の切れはしや、お薬の小さい紙や御見舞の品物の紙の小さいのをのばしては、一生懸命にキラキラとした眼！　それは生きたい、何とかして生きながらえたい。という意欲に満ちた眼でしょうが、その眼で一生懸命に端念に一羽又一羽と鶴を折っていました。そのつるも六百四十四羽で終りになったのです。

或る夜禎子は「お父さん後丁度四百よ。」といった事を、きいて夫は泣いていたのを私は覚えています。この世に生きんとするむずかしさ！

生きんとする幼い者の生命のあわれさ！　禎子よ‼　何とかしてやりたい、しかし落ちる涙をどうする事も出きない現実の生活。私は折鶴をベッドに横たわりつつ無心におっている我が子のいらだゝしい姿に一人心でないたものでした。私達が禎子の心情に耐えかねて流す涙。そんな時、又充分にしてやれなかった時。親に心配をかけまいとして見せる虚偽の強いられたほほえみ。親を思いがまん強かった禎子よ、お前は何と運の悪い子だったのだろう。お前は何のめぐりあいあって私の腹をいためた子供だったのだろうか。

真心こめた千羽鶴は級の人々に少しづつ分けてやり後はこけしの会の人々が、最後におくってくれたきれいなお花と共にお棺の中にいれてあの世までもたせました。

あ、お前の折った千羽の鶴よ、なは何故泣かなかった。なは何故飛ばなかったのだ。

私は今、禎子の残した千羽づるの一羽にこうよびかけるのです。

「いついつまでも禎子の側にあって見守っておくれ。この母に変って面倒を見ておくれ。」

「禎子の体を、禎子の淋しい時にはこの母にかわって鳴いておくれ。禎子が嬉しい時には、一翼千里大空に羽ばたいておくれ」と。

今は何れにしても悲しい形見の千羽鶴です。（原文ママ）

フジ子さんはこの手記の中で、禎子が折った鶴の数を「六百四十四羽」と記している。これは、前章で紹介した大倉記代さんや父・繁夫さんの「千羽を超えていた」という証言と矛盾する。ほかにも、被爆時の住所を「三篠町」（繁夫さんによると「楠木町」）、禎子の死亡時刻を「午前十時五十分」（主治医・沼田さんの記録では「午前九時五七分」）とするなど、私たちが取材したほかの記録や証言とは明らかに異なる記述がフジ子さんの手記には見受けられる。単純な記憶違いにしては、奇妙だ。自分の住んでいた場所の住所や、娘の亡くなった時刻を一時間近く取り違えるとは、ふつう考えにくい。

実は、当時「原爆の子の像」建立運動の中で語られ、マスコミによって報じられていた禎子のエピソードには、事実と違う数々の表現が含まれていた。前章で引用した中国新聞の禎子の死亡記事などもその一例である。この場合は単なる事実誤認と考えられるが、それ以外にも、禎子の物語の悲劇性を強調するための「虚構」が、第三者の手によって付け加えられていったことは否めない。正直に「鶴を千羽折った」というより「途中で力つきた」とするほうが余計に人々の涙を誘う、と考える人々がいたとしても不思議ではないだろう。一人の少女の死という「事実」を「物語」に変えてゆく力が働き始めていたのである。

これはあくまでも推測だが、フジ子さんは、すでに世間に知られていた禎子のエピソードの中に含まれる間違いや嘘を指摘すれば、せっかくの建立運動を否定することにもなりかねないと考えて、あえてそれらの誤りを追認し自分の手記に取り入れたのではないだろうか。

ともあれ、禎子の闘病の様子を最も間近で見ていた母親が書いた手記となれば、事情をよく知らない第三者は、信憑性が高いものとして受け取ることになる。のちに、カナダ人女性作家のエレノア・コアは『こけし』をもとに、世界的ベストセラー『サダコと千羽鶴』を書くのだが、案の定、この作品の中で禎子の折った鶴は「六四四羽」となっている。1章で触れたように、今もこの作品を読んだ海外の子どもたちから「サダコが折れなかった残りの数を折りました」と、わざわざ三五六羽（六四四を足すとちょうど一〇〇〇になる）の折り鶴が広島に送られてくるケースが少なくない。

## 「原爆の子の像」完成へ

追悼文集『こけし』の発行から間もない昭和三一（一九五六）年八月六日、禎子の遺族・佐々木繁夫さん一家五人が平和記念公園の原爆慰霊碑に千羽鶴を供えた。広島赤十字病院で禎子と同室だった大倉記代さんが、前日に佐々木家を訪れ、手渡していったものだ。

九月一一日には、禎子と大倉さんが闘病生活を送った赤十字病院の構内に、新たに被爆者の治療を専門とする広島原爆病院が開院した。翌三二（一九五七）年四月には原爆医療法が施行された。被爆者に原爆手帳を交付し、国が医療費の負担と健康診断を行うことになったのだ。この年だけで二〇万人以上が手帳を受給した。このころになってようやく、後障害に苦しむ被爆者を援助するしくみが整い始めたのである。

「原爆の子の像」建立運動に話を戻そう。前述の通り、「広島平和をきずく児童・生徒の会」発足から一年経過した昭和三二年一月時点で、資金、製作者、土地という建立のための三つの

慰霊碑に大倉記代さんが折った鶴を捧げる禎子の遺族（1956年、中国新聞社提供）

条件がすべて整うことになった。禎子の生前の写真を手渡された製作者の菊池一雄氏は、折り鶴を頭上に掲げた少女の立像と三本足の台座、さらに台座の側面に舞う二体の子どもの像からなる「原爆の子の像」のデザインを考案した。あとは高さ九メートルの実物の完成を待つだけとなったため、二年目に入った「きずく会」の活動は、平和を考える会合の開催、国内外の子どもたちとの文通、原爆症患者の慰問、原水爆禁止大会への代表派遣などが中心になった。

三月には、会報「広島平和をきずく会ニュース」（のちに「平和」と改題）の発行を始めた。七月に出された第四号には、六月に原爆病院で亡くなった高校生の記事とともに、会が独自に調べたものとして、昭和二九（一九五四）年以降に原爆症で死亡した九歳から一六歳までの未成年者一〇人のリストが掲載されている。当時の広島の少年少女にとって、同世代の仲間が原爆症に倒れていく現実を見聞きすることは、日常的にさえなっていたのである。

同じころ、「原爆の子の像」の運動の経緯を映画化する企画が共同映画社から「きずく会」に持ち込まれる。タイトルは『千羽鶴』。禎子（映画では貞子）の発病から像が完成するまでの経過を、事実をもとに脚色を施した劇映画である。監督は木村荘十二氏、脚本は諸井條次氏が担当することになった。ロケーションは、像の完成を間近に控えた翌三三年四月から広島で行われた。東京の児童劇団の子役とともに、広島の子どもたちも出演した。のちにこの映画は、全国各地の学校などで巡回上映され、ヒロシマの少女と折り鶴の物語を日本中に知らしめるのに大きな役割を担うことになる。また、この映画が縁で集まった子どもたちを中心に、これからも平和を考えていこうと「広島折鶴の会」が結成された。この会を呼びかけたのは、あの河本一郎さんである。河本さんと「広島折鶴の会」は、現在も地道な活動を続けている。


佐々木禎子の死から二年半が経った昭和三三（一九五八）年五月五日。「こどもの日」でもあるこの日、広島の子どもたちが待ちに待った「原爆の子の像」の除幕式が行われた。映画『千羽鶴』のラストシーンには、このときの模様を撮影した映像が、そのまま使われている。五〇〇名の式典参加者が真新しい像を取り囲み、元安川の向こうに原爆ドームがはっきり見えている。四〇年以上が経過した現在は、周囲の木々が生長したため、像とドームを一つのカメラアングルにとらえることはできない。その意味でも、貴重な映像である。

カプセル型の台座の内部には、原子物理学者の湯川秀樹博士から寄贈された鐘が吊され、そ

「原爆の子の像」除幕式（1958年、中国新聞社提供）

の下に置かれた御影石の碑には、あの碑文が刻まれている。

これはぼくらの叫びです
これは私たちの祈りです
世界に平和をきずくための

碑文は前年の六月から「きずく会」で検討を重ね、新聞やラジオで一般公募を行ったうえで、識者が議論し、決定したものだ。

除幕式に出席していた禎子の父・繁夫さんは、折り鶴を掲げた少女のブロンズ像を見た瞬間、娘と再会したような気持ちになったという。周囲に誰もいなければ、「禎子ちゃん」と声をかけたくなるほど、少女の像は禎子に似ていると語る。六年竹組の同級生たちにとっても、像は禎子そのものであった。

初めて見たとき、禎ちゃんによく似てるなと思いました。上で、鶴を持ってる女の子が。あっ、これが禎ちゃんのお墓だなと思いました。申し訳ありませんけど、私自身には、原爆で亡くなったほかの方たちのための像ではなく、禎ちゃんのお墓のように思えました。

（同級生・古田真喜子さん）

禎子のお墓を作りたいという同級生たちの素朴な思いに端を発した運動は、やがて全国の人々の心を動かし、ヒロシマの象徴としての「原爆の子の像」が生まれるまでに至った。そして、サダコと折り鶴の物語はさらに世界へと広がっていく。

# 4 サダコを伝えたルポルタージュ

禎子の遺影を抱くロベルト・ユンクと河本一郎さん（1956年）

## 広島を訪れたユダヤ人ジャーナリスト

サダコストーリーが世界に広まることになったきっかけ。それは、広島でのある一つの小さな出会いにあった。サダコが亡くなって一年が経った一九五六（昭和三一）年。一人のドイツ生まれのジャーナリストが広島に取材旅行にやってきた。ロベルト・ユンク（一九一三〜九四年）である。彼によってサダコと折り鶴の実話は世界に初めて伝えられていくことになる。

ユンクは生涯、原子力が人類にもたらしたさまざまな科学的成果に対して批判精神を持ち続けた人物である。最初の著作は、アメリカの近代文明を批判した『未来はすでに始まっている』（一九五二年刊）である。ユンクはこの本の中で、原爆を製造したアメリカの科学者のその後の状況を描いた。訪ねたオークリッジの原子力プラントで見た科学者たちの胸には、みな赤や緑のマークが印されている。機密にどれだけ近寄れるか、その度合いを識別する印である。当時のアメリカでは、原子力の機密に対する距離によって、新たな階層が生まれていた。

ユンクはその後も精力的に原子力を生んだ科学者を追跡、インタビューを実現させている。アインシュタインともプリンストンの研究所で会い、ドイツでの二人の故郷が近いという親近感からその後の親交を温めてもいる。

続く『千の太陽より明るく』（一九五六年刊）は、原爆の製造過程で、科学者は良心の呵責を感じなかったのか。科学は政治に支配され、政治家の目的遂行の前には科学者はなすすべがないのか、という視点から描いた。原爆の生みの親といわれるオッペンハイマー博士に取材し、その良心を飽くことなく徹底的に掘り下げた。緻密な取材をもとに三年の歳月をかけたこの労作は、数十か国で翻訳され、彼の初期の代表作となった。

ユンクはこの成功以降、人間の知識の成果であるはずの科学が、それを生んだ人間に対してどのようにして大量殺戮をもたらしたかに強い関心を抱き始める。人類史上最初の被爆地となった広島をいつか自分の目で確かめたいと、彼が強く願ったのは当然の帰結だった。そして、一九五六年、願いは実現する。ユンクは一週間の滞在期間中、可能な限り多くの被爆者と対話することを心に決め、広島の地を踏んだ。広島で彼が見たものは、被爆者たちが苦悩に打ちひしがれながらも生きながらえたことに感謝している姿であり、二度と惨禍を繰り返さないよう全力を尽くそうと誓う広島の人たちの心だった。

ユンクにサダコの話を伝えたのは、被爆者として「原爆の子の像」の建設運動に参加していた、あの河本一郎さんである。外国から広島へやってくる人たちに広島の現状を伝えようと、精力的に活動していた河本さんはユンクの投宿先のホテルを単身訪ね、無我夢中で語った。それまでまったく面識がなく言葉も通じない二人が出会ったときのことを、河本さんは次のように振り返る。

初めてお会いしたユンクさんは、背広姿でなく労働者風の服を着ていて、向こうの週刊誌か何かに広島のことを一、二ページ紹介するためにお見えになったぐらいにしか思って

ロベルト・ユンク

なかったんですよ。ところが、ユンクさんは、広島の悲しいことやら苦しかったことやら、何でもいいから聞かせてほしいというふうに尋ねられたんです。

具体的な話として、今広島の子どもたちにはこういうことが起きてるんですよ。それから、そういう子どもたちのために「原爆の子の像」を建てようという運動が今、始まってるんですよ。というふうに伝えたら、それを是非、具体的に聞かせてほしいと。

身振り手振りですが、情熱的に一所懸命話される方でした。

河本さんが伝えた当時の広島の現実とは、被爆してから一〇年も経っているのに目に見えない放射能の影響で突然子どもたちが死んでいくというものだった。その中の一人がサダコだった。じっと耳を傾けていたユンクは、「自分たちユダヤ人は、戦争が終わったら何とか解放されたが、広島の子どもたちはまだ解放されていない」と語ったという。

河本さんはこのとき、桜の銘仙を着たサダコの遺影を持参している。ヒロシマの子どもたちの悲劇を具体的に伝えたいと願う河本氏の思いからだった。遺影の中のサダコが着ている銘仙は、死期が迫ったサダコのために両親が仕立てた着物だった。そして、この写真がユンクとサダコの出会いを決定的なものにする。サダコの姿を見たユンクは河本さんに、是非写真を抱かせてほしいと自ら申し出た。ヒロシマの子どもたちの思い、苦しみを抱きしめて慰めてあげたい。遺影を手にしたユンクは河本さんと記念撮影したのちも、しばらくの間、サダコの遺影をじっと抱きしめていたという。

## ユンクとアウシュビッツ

ジャーナリストとして世界各地を回ったユンクが、初めて訪れた広島にひときわ強い思いを寄せたのには理由があった。それはユダヤ人としての彼自身の半生と関係がある。

ユンクが広島に来て思い起こしたのは、ナチスに殺された親戚たちの姿だった。ユンク自身、叔父、叔母、いとこ、そして妻の両親など十数人を亡くしている。

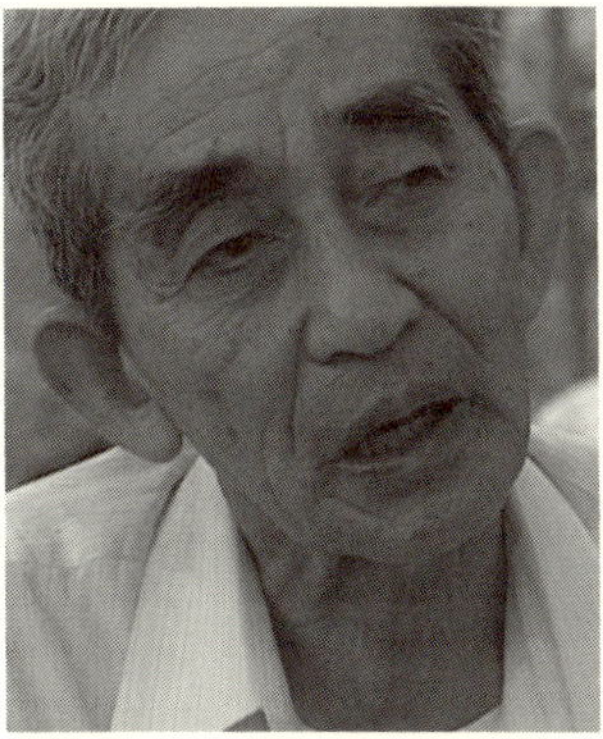

河本一郎さん

ドイツでヒトラー政権が誕生した一九三三年一月、一九歳のユンクはベルリン大学の学生だった。政局に危機感を抱いた彼は、大学の掲示板に貼られたナチスの機関誌を片っ端からはぎとるなど抵抗の意思を表した。翌三三年には逮捕されている。そののち、新聞記者となってからも反ナチス運動を続け、亡命先のチェコ、スイスなどを舞台に匿名でナチズムを痛烈に批判する論陣を張った。スイスでは亡命者がナチス批判の記事を書くことは禁じられていたが、これが発覚し、違法従事の罪で再び逮捕、監獄に一年あまり拘留された。

ユンクには、劇作家で演出家でもあった父親と女優の母親がいた。ヒトラー政権誕生後のドイツではアーリア人種を至上とする人種隔離政策や、ユダヤ人などへの職業禁止政策が次々に出されていたにもかかわらず、両親ともドイツを離れようとはしなかった。一九三六年にはベルリンでオリンピックが開催されるなど、国民の間にまだ楽観的な雰囲気があったことや、父親にはアーリア系のペンネームで娯楽映画や演劇の脚本書きなど仕事が多くあったからである。

危険を感じたユンクは両親にたびたび連絡をとって、国外移住を勧めている。しかし、二人は息子の言葉にまったく耳を貸そうとしなかった。説得を続けるユンクに父親が語った言葉は、「六〇歳にもなろうとするのに、そのうえ言葉を生業とする人間がどうやって外国で生きていけるのか」というものだったという。今であれば、あの当時の政治状況を振り返って一刻も早く国外へ逃亡すべきだったと誰しもが思うであろう。しかし、そのころ、のちの強制移住、そして大量虐殺を予測し得た者が果たして何人いたであろうか。

第二次世界大戦中に六〇〇万人ともいわれる大量虐殺が起こり得たのは、強大なナチスによる強制力はもちろんだが、ドイツ在住のユダヤ人を始めとする多くの民族に危機感の欠落があったことも否定できない。アーリア系以外の人たちにとって、たとえ政局に不穏な空気が流れ始めていたとはいっても、住み慣れた土地を離れることはなかなか容易ではなかったのである。

その後、ユンクは家族や親戚への説得と挫折を繰り返し経験することになる。ユンクが失意のままチェコのプラハに去ってほどなく、両親の元へナチス当局から家宅捜査の脅しがあり、初めて両親はドイツ脱出を決意、親戚を頼って隣国チェコに移住する。しかし年老いた父親は、そこで間もなく病死する。

一九三八年三月、ユンクはドイツ軍によるオーストリア併合のニュースを聞くと、翌日すぐにチェコの叔父たちを訪ねている。幸せな幼年時代をともに過ごした叔父のシンクフリートと叔母のパウラの家に、もう一人の叔父で法律家のユリウス、いとこのクラーラを含む五人を集めて今後の相談をした。ユンクはいっしょに脱出しようと懸命に説得したが、ここでも五人は残るほうを選んだ。「ヒトラー体制は長くは続かないだろう。続いたとしても、チェコの我々のところまで来て、我々を追放するようなことはよもやないだろう」というのがその理由だった。この五人にユンクは二度と再び会うことはできなかった。全員がチェコのテレージエンシュタット収容所に送られ、そこからさらにアウシュビッツ収容所へ送られたとされている。

ユンクの悲しみはこれで終わらない。同じ年の五月、ユンクはチェコを去り今度はスイスのチューリヒへ逃亡。パリへ亡命した母親はドイツ軍のフランス侵攻後に逮捕され、スペインとの国境のピレネーにあったギュルス収容所に入れられる。アウシュビッツへ送られるのはもはや時間の問題と見たユンクは五年後の一九四三年、全力を尽くして母親を収容所から出し、スイスに入国させることに成功する。しかし、その母親も心労がたたり病死する。

生命の危険に常につきまとわれた逃亡生活。そして偶然に死を免れた幸運。しかし一方で多くの親しい者を失った悲劇。ユンクの半生を思うとき、彼が死の前年の九三年に出版された自伝『それでもなお、未来のための私の生涯』に記した言葉はあまりにも悲痛である。

ほとんどすべての親しい者たちを失った。ホロコースト（大量虐殺）の生き残りである私たちはほかの同時代に生きた人たちより、より強く結びついている。私にはごくわずかな者たちが生き残った。私は彼らに、ほかの外部の人間たちにはわからないような強さでしがみついた。

（自伝『それでもなお、未来のための私の生涯』より）

## ヒロシマとホロコースト

ユンクは広島からの帰国後、被爆者と自分自身の境遇を次第に重ね合わせて考えるようになっていった。広島でたくさんの被爆者と出会った経験や話をもとに、本格的なルポルタージュの執筆にとりかかる。

彼はなぜ広島を記録しておきたいと思ったのか。その答えが自伝に記されている。彼にとって広島での体験がいかに重要であったかがうかがえる。

広島は、私のその後の生き方に決定的な影響を与えた。原爆による大量殺人の犠牲者や生き残っても、ただ死を待つだけの人たちは、もう一つの最もひどい戦争犯罪、ホロコーストから偶然に死を免れた私自身と結びついており、私にとっていわば親戚である。広島を去ったとき、私は別の人間になっていた。私はこうした言葉をもたない罪なき多くの戦争犠牲者のために、声をはりあげようと思ったし、またそうしなければならないと思った。

ユンクと広島の結びつきの強さについて語る貴重な証言者がいる。一人息子のペーター・シュテファン・ユンクさん（四八）である。ユンクは最初の広島への取材旅行以後、四度広島を訪ねた。息子のペーターさんもまた父に連れられて広島を訪問している。ペーターさんは今、小説家としてパリの中心部、リヨン駅にほど近いアパルトマンに妻と娘の三人で暮らしている。物静かな居ずまいに、時折悲しげに見える表情の目元は、写真で見る父親のユンクの面影そのままだ。

ユンクの一家を語るとき、その親密な家族の関係は切り離せない。ユンクがオーストリア生まれのユダヤ人女性ルートスミツキーと結婚したのは一九四八年。彼女もまた、両親を収容所で失っていた。近親者をすべて失った二人にとって最も重要だったのは、新しい家庭を一日も早く築くことだった。四年後、息子のペーターさんが生まれる。二人は誕生をことのほか喜んだ。ペーターさんの手元に残る両親の写真は、いずれもペーターさんを間にはさんで撮影された家族三人いっしょの写真ばかりだ。

一家には一つの不文律があった。それは、飛行機には絶対に乗らないということである。ユンクの広島への旅行も船旅だった。飛行機はとても危険だと思っていたからである。いつなんどき、何が起こるかわからない。それは、戦争を生き延びてやっと幸せな家庭を築いた一家が持つべくして持った生命への執着でもあった。母親は息子のペーターさんに一言も自分の生涯を語らず、ホロコーストの話を家庭ですることも一切禁じた。

ペーターさんが両親の過去の悲劇を知ったのは父を通じてだった。二人はほとんど毎年一回は外国に出かけ、その日の目的地も宿も決めない気ままな放浪の旅を繰返してきた。いっしょに歩き、夜は同じ部屋で眠り、そして翌日またあてもなく歩くといった旅である。ペーター

ペーター・シュテファン・ユンクさん

ーさんが七歳のときに始まった旅は、二九歳になるまで毎年続いた。

ペーターさんは旅先で、父親の生涯を少しずつ聞かされた。ホロコーストで多くの親戚を失ったことを打ち明けられたのは七歳のときだった。ペーター少年は、父親が口にするさまざまな情景にひきつけられていった。そして、こうした緊密な親子の対話の中に必ず出てきた話が、広島での体験だった。

父は私にたびたび広島のことを話してくれました。父にとって、それが非常に大きな体験だったからでしょう。当時、子どもだった私には、なかでも原爆が落ちて何年もあとになって死ななければならない子どもがいるという話に強く心を打たれました。父は、広島で起きたことは、人類史における最も大きな犯罪の一つであるといつも語っていました。

ペーターさんの記憶に、もう一つ強烈な父の思い出がある。それは、父親が日本からおみやげに持ち帰った折り鶴である。折り方を説明した本を見てもなかなか折れないペーターを横目に、父親はその場で器用に折ってみせたという。

私たちが取材に訪れたとき、ペーターさんは残念ながら、サダコという少女の名前に記憶はなかった。しかし、父から伝え聞いた広島の少女が折った鶴の数が、六四四羽だったということははっきりおぼえていた。その数の記憶は、一〇〇〇羽の鶴を折れば、生き延びられると信じて折り続けたにもかかわらず、かなえられずに力つきた悲劇とともに、ペーターさんの脳裏からずっと消え去ることはなかったのである。

## 『灰墟の光』の中のサダコ

ユンクが広島からの帰国後すぐに書き始めたルポルタージュは、完成までに三年の歳月を要した。その間、ユンクは広島から実に広範に基礎資料を取り寄せ続けている。内容はたとえば次のようなものである。

当時の広島市長であった浜井信三氏が戦後の復興の状況を綴った『市政秘話一〇年』、広島大学教授の今堀誠二氏が平和運動や占領下の広島の状況を記した『原水爆時代』、そのほかに初代原爆資料館長の長岡省吾氏の手記や、当時の地元新聞の記事のスクラップなどである。

ユンクが晩年を過ごしたオーストリアのザルツブルクには、ユンクが使った書斎が今も生前のまま残されている。三度の食事より読書を好んだといわれるユンクは、数万冊に及ぶ膨大な蔵書を遺している。ホテルの最上階の屋根裏部屋を六室借り切った書斎には、足の踏み場もないほど本が積み重ねられている。部屋にも収まりきらず、廊下にまで本や資料が並ぶ。

洋書に混じってひときわ目を引くのが、日本語の文献である。その多くは広島と原爆に関わる著作である。手にすると、広島を知りたいと意欲的に文献をあさった当時のユンクの息づかいが今にもこちらに伝わってきそうだ。『灰墟の光』を執筆するにあたって参考にしたといわれる前述の書籍も、書棚に大切に保管されていた。

こうして一九五八年にでき上がった本が『灰墟の光』である。原題は直訳すると『灰と瓦礫の中の子どもたち』となる。日本では昭和三六年に文藝春秋新社から原田義人さんの翻訳で出版された。表紙をめくると、ユンクが広島でサダコの遺影をはさんで河本一郎さんと撮影した記念写真が目に入る。日本では、残念ながら今は絶版となっている。

ストーリーは、混沌とした戦後の廃墟の中で、いかに人は生き、立ち上がっていったかを二人の青年の物語を中心に展開する。一人は生活が貧窮し、思いあまって毒を投入した飲料水をある金貸しに飲ませる。結局は殺人未遂の罪に問われ、刑務所暮らしを余儀なくされる。しかし、もう一人の登場人物の青年は、平和を願う子どもたちを集めて子ども会を結成し、貧しい生活の中にあっても子どもたちの世話をすることにやがて生きがいを見いだしていく。紙芝居や入院している子どもへの見舞い、折り鶴の運動、考え得るすべてのアイデアを子どもとともにもに実行に移していく逞しい姿が描かれる。

　このモデルとなった青年が、河本一郎さんである。そして、河本さんと妻の時恵さんの活動を通じて描かれる子どもたちの中に、サダコの記述がある。ルポルタージュの結論に近く、きわめて印象的な記述となっている。内容はその後、我々が取材した事実と一部異なる記述が見られるが、原文を生かし、先述の原田義人さんの翻訳で、以下にすべてを引用する。

ロベルト・ユンク『灰墟の光』（原書）

　一郎と時恵の数年来の顔見知りで、おまけに面倒までみてやったような原爆被害者が、〈ピカドン〉後かなりの時日がたってから、放射能病の結果つぎつぎに死亡するということがあった。その都度二人は親戚のだれかが亡くなったような気がするのだった。なかでも、河本が長年顔見知りだった十二歳の少女、佐々木貞子（原文ママ）の死ほど彼ら二人の心をゆすぶったものはなかった。その少女の父の経営する理髪店は〈YMCA〉ホームのすぐとなりだったから、一郎はこの子とほとんど毎日顔を合わせていたのである。急に発病する数ヵ月前、彼女と兄の雅弘は進んでYMCAの会員になり、東京から広島への自転車駅伝競走に参加したのだった。

日本の迷信によると、瀕死の病人は千羽鶴を折れば死の危機からのがれることができるという。貞子は白血病がますます悪くなると、勇気をふるってこの仕事にとりかかった。やがて病院の彼女のベッドの上には、細い紐が天蓋のようにつけられて、それにかわいらしい鶴がいっぱいぶらさがってゆれていた。ところがこの病んだ少女は、折紙細工が六百羽目までできたとき、もう体力がなくなりはじめたのだった。六四四羽になったときにはもうあきらめなければならなかった。「お父さん、お母さん、泣かないでちょうだい」というのが、彼女の最後の言葉であった。

広島ではこの死によるショックがとくに強くひびいた。なぜなら、つい前日の一九五五年十月二十四日に、別の〈原爆の子〉である十五歳の少年広田則衛が同じ病気で死んだばかりだったからである。終戦後あんなにも長い間原爆炸裂の影響が残って、大人たちがつぎつぎに倒れていくという事実は、胸のしめつけられる思いだった。いわんやいま終戦のころやっと二、三ヵ月か、せいぜい二、三歳の幼児だった子供たちまでが、親の世代の戦争責任を背負いこんで、貴重な代償を支払わされるということは、だれが見てもあまりに残酷で不公平であった。

（原田義人訳『灰墟の光』文藝春秋新社刊より）

## 臨終の言葉

原文を読み進めていくと、いくつかユンクが創作した場面がある。その一つがサダコの臨終の場面である。これは、サダコの話を伝えた河本さんさえも語った記憶がない描写である。「『お父さん、お母さん、泣かないでちょうだい』というのが、彼女の最後の言葉であった……」。蒐集した資料に基づいて丹念に広島の現実を描こうとしたユンクがなぜ、ここで臨終の場面を創作したのか。書いた本人が亡くなった今となってはその本意を確かめようがない。

しかし、ユンクがサダコの遺影を無言でしばらく抱いたままだったという河本さんの証言、また旅先で折り鶴を手にサダコの話を語っていたという一人息子のペーターさんの証言を思い浮かべるとき、サダコ最後の言葉としてユンクが記した言葉に、悲劇を強調して読者に知らしめたいという強い感情を見ることも可能だろう。

ユンクのこの創作は、戦後一〇年経った当時の広島を描いたルポルタージュとして、今なお一級の重要性を持つこの著作の価値をおとしめるものでは無論ない。むしろ、多くの読者に広島の悲劇を効果的に印象づけるきわめて重要な表現だと受け止めたい。

小説家として活躍する息子のペーターさんに、この創作された箇所について、質問してみた。

父が書いたすべての本の中で、本人はこの本が一番気に入っていました。父は、この本で言語的にも非常にすぐれた形で、物語を構想し、再現できたと思っていました。一二歳の少女が、これほど達観した態度をとり、知性を持ち、両親を慰めるというのは、非常に心を揺さぶられる話で、劇的な効果もきわめて高いと思います。

父はつねづね、小説を書きたいと望んでいました。『灰墟の光』では、事実に即しながらも、言語的にはできるだけ文学的なドイツ語の表現を使おうという工夫が見られます。父にとっては、すべてをできるだけ劇的に描写することが必要でした。一人の幼い子どもが両親に「お父さん、お母さん、泣かないでちょうだい」という、これほど読者の心を揺さぶり、悲しい気持ちにさせる話はないと思います。父は、サダコの死に自分でも激しく心を打たれたのだと思います。そして、この感動を読者に伝えたいと思ったのでしょう。

# 5

# 小説の主人公になったサダコ

カール・ブルックナー『サダコは生きたい』表紙

## 元ドイツ国防軍兵士

ロベルト・ユンクが著した『灰墟の光』は、一九五八年にオーストリアで出版後、ヨーロッパ各国で翻訳され広く読まれた。しかし、重要なのはその出版の規模より、本が読者に与えた影響の大きさだった。

一人のオーストリア人作家が、この本に創作意欲をかき立てられ、サダコを主人公にした小説を執筆するに至る。その人物こそ、『スズメの一一人』(一九四九年刊行)、『インディオのパブロ』(一九四九年刊行)、『金のファラオ』(一九五七年刊行)などで、すでに児童文学作家として世界的に著名だったカール・ブルックナー(一九〇六～八二年)である。ブルックナーとサダコとの出会いを考えるとき、ユンクの場合と同様、彼の戦争体験に触れないわけにはいかない。

ブルックナーは、一九〇六年にウィーンの貧しい商家に生まれた。商人として身を立てようとさまざまな職業を転々とし、単身南米ブラジルにまで渡って商人の修業をしている。そんな彼が一転、児童文学の作家になったきっかけは、自らの戦争体験にあった。

一九三八年、ナチスドイツによって祖国オーストリアが併合されると、三二歳のブルックナーは徴兵され、ドイツ国防軍の兵士としてヨーロッパ各地を回ることになった。任務は、前線と作戦本部とを結ぶ伝令兵。オートバイに乗って本部からの指令を前線の兵隊に伝え、前線の情報を本部に持ち帰るのが彼に与えられた役目だった。第二次世界大戦中にフランス、バルカン半島、ポーランドなどヨーロッパ大陸全域を回っている。
ブルックナーは、あまり熱心な兵隊ではなかった。銃弾が飛び交う前線に赴くことをできるだけ避け、どうしても自ら出動して交戦しなければならなくなったときには、撃った弾が敵に当たらないよう射程をずらして発砲していたという。「自分は、戦争で一人も殺していない」。戦地から引き揚げた彼が家族にいつも語った自慢だった。

荒廃した戦地で彼が見いだした唯一の楽しみが、任務の合間に野戦病院に出かけ、傷ついた兵士と体験談を交わすことだった。ベッドに横たわる兵士を相手に自分の体験談を聞かせ、一人の兵士から聞いた体験談をまた別の兵士に語る。外国語の会話にも長けていたブルックナーは、ときには戦地で覚えたフランス語やイタリア語も織り交ぜて、兵士たちに語って聞かせた。

なかでも、彼が南米ブラジルに二年間滞在したときの体験談は、見知らぬ異国の話として多くの兵士を魅了した。ブラジルで知り合ったインディオとの交流を題材に、のちに彼の代表作ともなった『インディオのパブロ』の構想は、こうした病院での兵士との対話の中で練り上げられたものと言われている。

こうして何度も野戦病院に通ううちに、ブルックナーはある日、一人の兵士から「君のおもしろい話を本にしたらいい」と勧められる。これが、彼が作家になるきっかけになった。戦後、彼は伝令兵として各地で見聞きした話をもとに次々と作品を書き上げ、またたく間に売れっ子の児童文学作家として活躍することになった。

## 戦争を告発する文学

ブルックナーの著作を語るとき、注目すべきは、その作品性の高さとともに、反戦への明確な意志である。出版社の編集者としてブルックナーのよき理解者であり、彼が作家デビューして以後四〇年来の友人だったリヒャルト・バンベルガーさん（八九）は、ブルックナーと戦争体験との関わりを次のように指摘している。

彼は、自らの戦争体験を生涯ひきずっていました。彼の作品の最大の主張は、戦争反対ということです。彼は戦争中、伝令兵として実に多くのものを見てきました。そのなかには、家を破壊され路頭にさまよう家族や、傷ついた子どもたちの姿がありました。彼はそのの一つ一つに大きな衝撃を受けたのです。こうした体験から「戦争ほど悪いものはない」、「戦争は世界で最大の不幸である」という認識を持つようになりました。彼はいつしか、人間に目を開かせ、戦争とは何かを知ってもらうことが自分の役目だと考えるようになったのです。

ブルックナーがサダコの存在を初めて知ったのは、地元新聞の記事を通じてだった。新聞を手にしたブルックナーがバンベルガーさんの事務所を訪ね、是非この日本の少女のことを書きたいと見せたのが、「原爆の子の像」の除幕式について報じた記事だった。残念ながら当時の新聞記事が残されていないため、バンベルガーさんの記憶に頼るしかないが、一枚の写真とともにわずか一〇行ほどの短い記事が掲載されたものだったという。

記事には千羽鶴が紹介されていた。しかし、書かれていたのは、鶴を折り終わる前に少女が亡くなったことと、衝撃を受けた子どもたちが少女のために鶴を折ろうという提案をしたことだけであった。それでもブルックナーは、わずか数行に記された少女の運命にひどく心打たれ、その一生を自分で感じ取りたいと、バンベルガーさんに語ったという。このときから、児童作家ブルックナーによるサダコと折り鶴の話の作品化が始まったのである。

カール・ブルックナー

広島や原爆について書かれたもので、当時ヨーロッパで容易に入手できた文献はさほど多くはない。ブルックナーが、執筆の参考にしたのは次の六冊の書籍である。ギュンター・アンデルスの『橋の上の男』、ギゴンの『私はヒロシマを見た』、エディタ・モリスの『ヒロシマの花』、ライナス・ポーリングの『原子時代の生と死』、ロバート・トランバルの『広島と長崎の九つの報告』、そしてあのロベルト・ユンクの『灰墟の光』。

これらの書籍のうち、サダコの記述があるのは、ユンクの『灰墟の光』だけである。しかもその分量は4章で紹介した通り、決して多くはない。しかし、ブルックナーの豊かな想像力を刺激するにはそれで十分であった。三年後の一九六一年、ブルックナーはとうとうサダコを主人公にした小説を書き上げる。

## 生きたいという意志

かくして完成した小説が『サダコは生きたい』である。

今、私の手元に初版本がある。表紙を飾るのは、着物を着た日本の少女が悲しげにうつむいた横顔である。そして、大きく「SADAKO WILL LEBEN !」とドイツ語の表題が書かれている。直截的ともいえるこの表題に、最後まで生きたいと願い続けたサダコのけなげな姿を描こうとしたブルックナーの思いが込められている。

物語は、大きく二つに分けて構成されている。前半は、一九四五年七月から原爆投下までのおよそ一か月、サダコの一家の平穏な生活の一方で、アメリカ軍による原爆投下の作戦決定、さらに太平洋に浮かぶテニアン島で着々と進められる作戦準備の情景が展開する。そして運命の一九四五年八月六日、広島に原爆投下。物語の後半は、一年後の家族の再会に始まり、戦後の困窮生活、一〇年後の突然の発病と入院生活、そしてサダコが亡くなるまでが描かれる。

ただし、その内容は主人公のサダコが被爆から一〇年後、鶴を折りながら白血病で亡くなるという最小限のプロット以外はフィクションである。サダコ以外の登場人物の名前や年齢の設定、被爆の状況や入院生活のディテールなどは事実と食い違う。たとえば、兄の名前は、実際の父親の名前のシゲオ。二歳のとき、自宅で被爆したサダコについては、四歳のとき、公園で兄と遊んでいて被爆したことになっている。小学校の運動会で優勝したエピソードも、東京と広島を四日間かけて走る自転車競走で一九位という設定に変わった。また作中、サダコに折り鶴を教えるのは家族、同室の患者はシゲトモという一四歳の架空の少年である。

しかし、そうした自由な設定も、病気の苦悩と闘い抜いた主人公サダコの、最後まで生きたいという強い意志の輝きを少しも損ねるものではない。

さっそく作品の内容を順を追って紹介していこう。翻訳は、『サダコは生きたい』の日本語版(邦題『サダコは生きる』、学習研究社発行)の翻訳を務めた片岡啓治さんによる。なお、この本は現在絶版になっている。読者のために引用が少し長くなることをお許しいただきたい。場面は、サダコが原爆投下で奇跡的に命をとりとめる箇所からである。

市の中心で爆弾が炸裂《さくれつ》したとき、シゲオは池のなかにいた。まばゆい閃光が眼をさした。それにつづいて、何千という雷が集まったような、どよめきととどろきの音が聞こえてきた。ものすごい爆風が吹きつけてきた。風は水を滝のように吹き上げ、シゲオを引きさらって岸にたたきつけた。古びた木々が、崩れ、裂け、足のように太い枝々が宙に舞う。竹は地面に叩き伏せられた。ただ、その下にサダコの眠っている柳のしなやかな木々だけが、爆風をうけながした。とはいえ、その幹はいっそう岸にたわみ、葉はすべて柔らかな小枝から吹き飛ばされた。それでも、木は倒れなかった。だが、サダコは、爆風で紙屑のように運び去られてしまった。（中略）

不安に駆られて、彼（シゲオ）はあたりを見まわした。当てもなく、せかせかと駆けまわり、倒れた木につまずき、邪魔な枝をかきわけてシゲオは叫んだ。

「サダコ！　サダコ！」

公園のなかを駆けずって、悲痛な声でシゲオは呼んだ。「サダコ！　サダコ！」

シゲオは、また引っかえし、木の幹を飛び越え、繁みをかきわける。木の切れっぱしが彼を傷つけた。そして、やっと、妹が見つかった。ぼろぼろに引き裂けた着物。掻き傷で血だらけになったからだ。だが、彼女はしくしくと泣いている。サダコは生きていた！

しかし、原爆で家も財産もすべて失った一家のその後の生活は、困窮そのものである。闇市で物々交換をしながらのその日暮らしが続く。佐々木家だけではない。原爆の刻印を受けた広島の人々は、絶対に癒されることのない傷と苦しみの中に、生きねばならない。広島とは遠く離れた異国の作家、カール・ブルックナーをして本書を書かしめたのも、生きている限り、絶対に癒されることのない苦悩と悲惨への憎しみ、その中で逞しく生きようとする人々への共感、そして今なお、その存在によって人類を脅かしている、戦争や原爆の存在への抗議であったろう。

ブルックナーは小説の中で、自らが戦場で感じた戦争観や人間観についても随所で筆をふるっている。

佐々木は、（中略）息子に言った。「ちょっときてみろ——おまえならどうするか、言ってみろ——いいか、今は戦争だとする。おまえは兵隊だ。いや、おまえは飛行士だ。で、おまえは、敵の町に飛行機からある爆弾を投げろ、と命令される」

シゲオにはわけがわからない。今はサダコのことだけが気がかりだ。それだのに、戦争だの爆弾を投げるのだのと言っている。（中略）

彼は眼をそらせた。そして、やっと聞きとれるくらいの声でつぶやいた。「僕、いっそ殺される方がいいよ。そう、そうなんだよ、罪もない人をたくさん殺すくらいなら、死んじゃった方がいいよ」

佐々木は、当惑したように下唇を噛みしめた。ヤスコは、優しい眼で息子を見た。「おまえはりっぱだよ。おまえは、勇敢な兵隊さんよりもっとりっぱだよ。それを知って、あたしはほんとに幸せだよ」

## 最期のつぶやき

サダコの発病は一家を突然襲う。東京と広島の間を四日間かけて走る自転車駅伝競走。一四歳になったサダコは、二五〇人の学生の中から選手として選ばれ参加する。アンカーを務めるサダコは、二八位でたすきを受けるが、見事九人抜きを演じる。しかし、レース直後、サダコは力つきてその場に倒れ込む。発病だった。

佐々木一家は、医師からサダコが原爆症で重病だと知らされる。近所の人が被爆のときのほんのちょっとした掻き傷でも何か月も苦しんだあげく死んでいった事実を思い浮かべ、不安をぬぐえない母親。必死で娘の死の不安をかき消そうとする父親。日々病状が悪化する娘に対して、二人は最後まで本人には死の病であることを伝えないことを決める。

そして、主治医である日本人とアメリカ人の医師による必死の治療が続けられるが、不治の病を前に二人はまったくなすすべがない。ブルックナーは主治医の言葉に託してこう叫ぶ。

「これは、理解を絶しています――原爆の爆発後、十年もたってあの少女が発病するとは――十年間、あの子は健康に過ごしてきた。あの子は、自分の血液がガンマー線に毒されていることを知らない。そして、つい二、三日前も自転車競争に参加した。あの子の兄が、そう言っていた。あの子は、ほかの走者を追い越したので、とても喜んでいたのです、と――あの子は、同じ年ごろの他の少女たちよりは、ずっと元気に見えた。それなのに、突然、病気が爆発した。幼いときの、たのしい時代の、何の屈たくもない笑いと幸せに遊びたわむれる、十年を過ごした後でですぞ。たったの一度の閃光が、あの子を打ち倒した。ピカドンは――あなたたち日本人がそう言っている――十年もたった後で、またも新しい犠牲を求めている。ヒロシマとナガサキ十五万人の死者だけでは、まだ足りないとでも言うように」

物語のクライマックスは、サダコと折り鶴の出会いである。闘病を続ける妹を励まそうと、兄のシゲオは折り鶴をサダコに教える。鶴を千羽折って、紐に通してベッドの上に提げると、そのときにはきっと元気になっているというものだ。シゲオが持ってきた色紙とはさみを使ってサダコは鶴を折り始める。


眼の見えぬ人のように、注意深く、ゆっくりと、サダコは紙を折りはじめた。サダコは、今シゲオがやったのとそっくりに、口まねをしながら、折っていった。

「ほーら――まんなかを折って――それから、重ねて―― ――それから、もう一度――この隅を――下に――伸ばして……ええと、それから――どうやったっけ……」

シゲオが手伝おうとしたが、サダコはこばんだ。「いいの、自分でやらせて――独りでできるわ……いい？ もう、ちょっとよ――この羽を―― ――すぐよ――鳥が――できるわ」

サダコの指はもう震えていない。その声も、もう眠たげには聞こえない。その眼には、また、生き生きとした輝きさえ戻ってきた。そして今、まちがいなく折れた鶴を高く上げてみせる。どう？ というようにサダコがたずねた。「よくできたでしょう。きれいでしよ。千羽折るのに、何日かかるかしら。十日？　十二日？　それとも二週間かしら？」

彼女は、息もつかずにしゃべったが、その眼は、でき上がった三羽の鶴が答えをあたえてくれでもするかのように、その上にそそがれていた。

鶴を折るサダコには競争相手がいた。同室に入院している同じ年の少年だ。二人は千羽目指して来る日も来る日も鶴を折り続ける。安静のため医師から鶴を折ることを禁じられることがあっても、ひたむきに鶴を折った。しかし、サダコの折った鶴が九〇〇羽に達したとき、競争相手だった少年との突然の別れが訪れる。病気が治ったら海辺を散歩したいと言っていた少年は、夢をかなえられぬまま四〇五羽の鶴を残しこの世を去る。

そして病魔は、サダコにも容赦しなかった。物語は、サダコの最期のときに向かって急速に進展する。

（前略）医師は、サダコのベッドの脇の椅子に腰を下ろした。（中略）これまで彼は、医者が死の意志に対して、どれほど無力であったときにも、これほどに悲痛な感情を味わったことはなかった。この十四才の少女の命を間にはさんで、彼は数週間、暗い死と争ってきた。彼に考えられるかぎりのすべての処置をほどこした、その結果は何だったたか。たったこれだけ。今その子は、九九〇羽目の鶴を折っている。この子の、意志の力の最後の閃き。この意志力が衰えてゆくのを、自分はなすすべもなく見ていなければならないのか。

サダコには千羽の鶴が要る。後、たった十羽だ。きっと、今、この力のない指が折り曲げた一羽は、でき上がるだろう。もしかして、奇跡が起こって、この子が残る十羽の鶴を折り上げたなら、それで、この子は元気になるのでは？（中略）

さりとてほかには、何一つ手だてもない。この二十世紀の発明に富む人間精神は、原子爆弾をつくりだした。だが、その爆弾でうけた傷には、何一つ治癒の手段も見つけられなかったのだ。

ここで、注目したいのは、サダコが折った鶴の数である。ブルックナーは、その数を創作した。千羽を超えていたという実際の数でもなく、ユンクが『灰墟の光』で記した六四四羽でもなく、ここでは新たに九九〇羽となっている。なぜ、ブルックナーは鶴の数を九九〇羽にしたのか。そこには、目標まであとわずかにすることで悲劇性を強めたいという強い意図があったのではないかと思われる。友人のバンベルガーさんと、ブルックナーの実娘で今は著名な彫刻家として活躍するマリアンネ・マーデルナーさんの解釈を紹介しよう。

彼は、この本の中で、スポーツ万能の強靭な肉体をもっていた少女が突然の死刑宣告を受けるという悲劇を読者に印象づける必要がありました。九九〇羽という数を彼が選んだのも、もう少しで完成するとしたほうが、より悲劇的な効果が高まると考えたのだと思い

ます。その意味で九九〇という数字は悲劇の象徴となっています。（バンベルガーさん）

子どものころ、父から初めて千羽鶴の話を聞かされたとき、千羽の鶴が人間を重い運命から解き放ってくれる不思議な力を持った鳥だと感じました。私たち西欧人にとって、千という数字は非常に大きな意味を持ちます。到達したとき、そこに魔力が生まれるのです。父は九九〇という数字を使って、望んでもそうした力を手にすることができなかったサダコの悲劇を暗示させたかったのだと思います。（マリアンネ・マーデルナーさん）

物語の最後のページ。サダコはもはや、自分が折った鶴すら、その眼にとらえることができなくなっている。サダコの最期は次のような描写で終わる。

サダコの手が鶴をまさぐる。まだ、できてないのかしら。何とかそれをたしかめたい。でも、また、夜がやってきた。光が消える。

やっぱり夜なのかしら？　そうだわ、そうなのよ、だって何も見えないんだもの。違うわ、まわりが何だか明るくなってきたわ。月の光りかしら？

声が聞こえる。よく知っている人の声。あれは――あの声は――母さんの声。そうだわ、そうだわ――母さんだわ。でも、どうして泣いているのかしら？　嬉しいから？　だって、サダコは――後、たった――鶴を十羽――たった十羽――違うわ――もうできたのよ――

千羽鶴が！　すぐ、あたし――元気に――なるわ。もうすぐ――――――
おぼろな光が、明るい輝きにかわった。サダコは大きく眼を開いた。彼女は、永遠に輝く光りに包まれた天国を見たのだった。

## 海外から届いた初めての折り鶴

一九六一年、『サダコは生きたい』は、オーストリア・ウィーンの「青少年と国民」社から出版された。その後、すぐれた児童文学に贈られるアンデルセン賞を受賞し、わずか四年のうちに二五の国と地域であわせて二〇〇万部が出版されている。

サダコストーリーの広がりの具体的事実を示すうえで重要だと思われるので、そのすべてと刊行年を紹介したい。

一九六一年　オーストリア
一九六二年　スイス、ドイツ、イギリス、アメリカ、イタリア
一九六三年　ブラジル、デンマーク、スウェーデン、オランダ、ベルギー、フィンランド、ポーランド、クロアチア、スロベニア、ユーゴスラビア、日本、イスラエル
一九六四年　チェコ、南アフリカ、スペイン、カタロニア、ロシア
一九六五年　ブルガリア、スロバキア

こうして見ると、『サダコは生きたい』は、主にヨーロッパ圏で広く読まれた事実がうかがえる。しかも、出版された先での反響は大きく、評価はきわめて高いものだった。本が出版された六〇年代は、ヨーロッパで東西の冷戦による緊張が続いていた時代だったことを考え合わせると、反響や評価の内容はきわめて興味深い。たとえば、次のようなものである。

サダコは生きたい。それは私たちも同じだ。我々の子どもたちは、この本を通じて、原爆や戦争の恐ろしさを知らねばならない。若者たちは、過去に起こったことが再び繰り返されるおそれがあることを学ばなければならないのだ。（オーストリアの新聞の書評から）

この本では、ドラマチックな手法で真の少女が描かれている。我々はこの本で初めて恐ろしいキノコ雲が出現したことが真実であったことを知った。

（チェコの新聞の書評から）

この本が原爆の悪用を警告しているのなら、西側だけでなく、ロシア語や中国語で翻訳され、共産圏でも同様の発行部数で読まれるようにしなければならない。

（ドイツでの書評から）

著者は、少女の悲劇を物語ることにより第二次大戦末期の重要な問題点に触れている。つまり、日本はすでに降伏する用意があったので、アメリカは広島に原爆を落とす必要性はまったくなかったということを証明しているのである。（ロシアの週刊誌の書評から）

この本は、戦争の地獄の苦しみを容赦なく表現している。しかし、この本がすぐれているのは、読者に恐怖だけでなく希望に満ちた展望を残してくれる点にある。

（イタリアの新聞の書評から）

ブルックナーの本は二〇世紀のディケンズを彷彿とさせる。詩的で人間性あふれる思想とドラマ性に満ちており、セクト的、あるいは政治的な見解とはかけ離れたところに位置するものである。

（同）

『サダコは生きたい』は発刊当時、学校現場で教科書として使われている。オーストリアでは小学校で、戦争と平和の問題について学ぶための授業の副読本に指定された。さらに、そのことが思わぬ成果を生むことになる。

『サダコは生きたい』がオーストリアで出版された翌年の一九六二年一二月、「原爆の子の像」のもとに海外から初めて折り鶴が届いた。色とりどりの紙で折られた七〇〇〇羽の折り鶴だった。当時の様子を伝える新聞には、「『サダコは生きたい』を読んだオーストリアの少年少女たちが、再び原爆の惨劇を繰り返さないよう、広島の子どもたちと手を取り合おうと、七〇〇〇羽の折り鶴を送る活動を始めた」と書かれている。広島からは、このとき返礼として、河本一郎さんが代表を務める「広島折鶴の会」が、千羽鶴で形作ったオーストリアの国旗や人形を贈っている。

折り鶴はその後も、毎年海外から届いた。現在、広島の原爆の子の像に海外から寄せられる折り鶴は年間二〇〇件あまり。その数は数十万羽にのぼる。その始まりとなったのが、ブルックナーの『サダコは生きたい』に心を動かされた子どもたちの運動だった。

こうしてサダコと折り鶴の物語は、世界の子どもたちの心に着実に浸透していったのである。

# 6 抵抗の象徴・サダコ学園

バルセロナにある「サダコ学園」

## バルセロナのサダコ

一九九九（平成一一）年五月。私たちはサダコストーリーの広がりをさらに取材するため、スペインに向かっていた。フランスとの国境に接するスペイン北東部、カタロニア地方。その中心都市が、首都マドリードに次ぐスペイン第二の都市のバルセロナである。一九九二年、岩崎恭子が水泳で金メダルをとったバルセロナ・オリンピックが開催された町、あるいはサルバドール・ダリやジョアン・ミロ、さらにはサグラダ・ファミリア教会を建築したアントニオ・ガウディなど多くの天才芸術家を輩出した街として日本人には馴染み深いこの街に、佐々木禎子から名前をとった学校がある。

バルセロナは地中海に臨む港町である。海に向かってなだらかな平野が広がる。市街地を背に高台に向かっておよそ一〇キロ行った閑静な住宅街の一角に、目指す「サダコ学園」はあった。学校の正面玄関にスペインの地方言語の一つ、カタロニア語で「ESCOLA SADAKO（サダコ学園）」と書かれた看板が掲げられていた。

サダコ学園は、三歳から一六歳までの六〇〇人が通う男女共学の私立学校である。幼稚園から高校までの一貫教育で、生徒の多くが上流家庭の子どもたちである。

私たちが学校を訪ねたとき、校庭で体育の授業をしている児童たちの姿が目に入った。全員が共通の体操着を身につけている。胸の部分にプリントされているのは、おかっぱ頭のサダコの顔だ。地元で活躍するイラストレーターに依頼してデザインしたものだという。参考にする写真などはなかったのだろう。取材でサダコの生前の写真を何度も目にしてきた我々には、まったく別の少女にしか見えないが、そこに描かれた顔立ちはまぎれもなく日本の少女のものである。

「サダコ学園」の体操着には、サダコの顔をデザインしたマークがプリントされている

女性校長のローザ・アングレイさんの案内で、幼稚園部の音楽の授業を見せていただいた。十数人の児童が先生のピアノの演奏にあわせて合唱していた。唱っているのはカタロニア地方の民謡である。すべての授業をカタロニア語で行う。それが、サダコ学園の最大の特徴となっている。

子どもたちはサダコのことをどれぐらい知っているのだろう。さっそく聞いてみた。

「皆、サダコの話は知ってる?」「どこの国の人かな?」

私たちの質問に一人の少女が即座に手を挙げた。

「サダコさんは、日本で、ある日お兄さんといっしょにいるところを、誰かが爆弾を落としたので病気になってしまいました。病気がよくなるためには紙で鶴を折らなければいけないと頑張っていたのに、全部を作ることができなくて死んでしまったの」

隣の少年が続く。

「サダコさんの町は、爆弾が落ちてすべてがめちゃくちゃになってしまった。その爆弾は原子爆弾で、中には人々を病気にする汚染された空気が入っていたんだ」

私たちは、日本から遠く離れたここスペインで、子どもたちが自然にサダコの名や原爆を口にしていることに驚きを感じた。

アングレイ校長は、サダコが単なる学校の名前でなく、平和教育のシンボルとして学校に定着していることを力説した。

ここの学校の生徒は、皆サダコのことを知っています。子どもたちはサダコの名前を覚え、それが何を意味するのか、なぜ学校がこの名前をつけたのかを授業で学びます。私たちのまわりでは戦争のように人々が苦しんでいる状況があり、その状況に対して自分の意見を持ち、行動すべきだということを生徒たちに理解してもらいたいのです。

## フランコ独裁下のカタロニア

サダコ学園は、スペインがまだフランコ独裁政権下にあった一九六八年に、女子校として創立された。設立当初の生徒数はわずか三五人。既存の学校と異なっていたのは、カタロニア語で授業を行うとした点である。当時、カタロニア語を使用することは違法とされていたスペインで、創立者たちがあえて禁をおかし抵抗したことに、サダコ学園がサダコ学園たる最大の理由がある。

スペインには第二次世界大戦の経験がない。代わりに内戦があった。一九三六年、スペイン領モロッコで起きた国軍将校たちによる軍事クーデターを発端に始まったスペイン内戦では、左派の共和国軍とフランコ将軍が率いる反乱軍との間で三年にわたる熾烈な戦闘が国内各地で繰り広げられた。市街地は戦場と化し、五〇万人もの難民が国境を越えた。フランコ軍は強大な武力を背景に順調に北進を続け、首都マドリードに入城。そして一九三九年一月にはバルセロナを制圧した。四月、フランコは全国に向かって、「今日、共産主義者の軍隊は武装解除され、捕らわれの身となり、ここに我が国民の軍隊は、その終結的軍事目標を達成した」と勝利宣言し内戦は終結した。ドイツのヒトラー、イタリアのムッソリーニと並ぶファシスト政権がここに誕生したのである。

以降、一九七五年のフランコの死まで四〇年にわたる独裁政権に対する評価は、おおむね次のようなものである。「内戦という国民分裂の中で誕生し、スペインの民主化を四〇年間遅らせた」。とりわけバルセロナをはじめとするカタロニア地方の人たちにとって、フランコの時代は自分たちの理想を踏みにじられた暗くて屈辱的な歴史にほかならない。

「バルセロナはどこの国に属しているでしょうか？　もちろん、カタロニアです」

これは、一九九二年のバルセロナ・オリンピック大会直前に、カタロニア州政府が日本や欧米の主要新聞に出した全面広告の宣伝コピーである。オリンピック開催中のバルセロナ市街は、黄色地に赤い四本の横線が引かれた旗に埋めつくされていた。スペイン国旗を押しのけるかのように沿道に掲げられたこの旗が、バルセロナを州都とするカタロニアの州旗である。州政府や民族主義者がオリンピック開催を恰好の機会として、カタロニアのスペインからの分離・独立の意思を世界にアピールしようと示したのである。

カタロニア地方では、公用語として住民のおよそ七〇%が話すカタロニア語と、一般にスペイン語と呼ばれるカスティリャ語の二つの言語が併用されている。いずれもラテン語を源として形成された言語であるが、カタロニア語は地理的にも歴史的にもつながりの深い南フランスのプロバンス語との共通点が多い。もともとは一二世紀から一五世紀にかけて地中海交易で栄えたアラゴン王国の言語であった。

カタロニアで自治を求める空気が芽生えたのは、一九世紀後半のことである。産業革命が進む中、織物産業を中心に発展を遂げるバルセロナへ貧しい南部のアンダルシア地方から移民が大量に流入したのと並行して、カタロニアの民族主義が昂揚した。その後、一九世紀末から二〇世紀初頭にかけて、政治的には民族としての主体性の確立を目指すカタロニア主義運動が始まり、文化的にはカタロニア文化の復興運動が起こった。それは、カタロニア・ルネッサンスとして花開いた。建築家のガウディがその代表であり、バルセロナの自由で革新的な雰囲気の中から、ピカソが、ミロが、ダリが世界の画壇に羽ばたいていった。

しかし、フランコの台頭によってその理想は砕け、代わりに待ち受けていたのは、固有の言語をはじめ、歴史と文化に関わるすべてのものを公の場から追放する徹底した弾圧だった。内戦後、カタロニアの自治政府の指導者たちは亡命し、反フランコ政権の運動を展開したものもいたが、再び祖国に戻るには、フランコの死去まで待たなければならなかった。

フランコ時代にカタロニア地方で違法とされたことのいくつかを紹介してみよう。公務員は勤務中、カタロニア語を使用してはいけない。これは、公務員に限らず、公共の機関で働くすべての人に適用された。教育機関にあっては公立、私立を問わずすべての教師がこの法令を守らなければならなかった。カタロニア語を使用した印刷、出版も禁じられた。印刷物はすべて検閲された。ここにいう印刷物とは、看板や商品のラベルといったものにまで及んだ。さらに、公共のサービスであるホテル、レストラン、バーなどにおいてもカタロニア語の使用が禁止された。郵便物も禁止。カタロニア語の名前での登録や、公共の場で名前を語ることすらも違法とされた。

こうした徹底した弾圧のもとで、サダコ学園は、カタロニア語で教える学校として一九六八年に誕生した。この時期、フランコ政権の弾圧は緩やかなものになっていたとはいえ、違法行為であったことに変わりはない。「年に一、二回、政府の検査官が査察に訪れた。いかにして彼らの目を欺くかに私たちは腐心しました」。アングレイ校長が当時の苦労を語ってくれた。

スペインは敬虔なカトリックの国である。教室には、それまでマリアの肖像が飾られていたが、フランコの時代にはフランコの肖像画もあわせて飾ることを義務づけられていた。

サダコ学園では、検査官がいつ来てもいいように、二枚のマリアの肖像画を用意した。一枚は本来のマリアの絵、もう一枚は裏にフランコの肖像を描いたものである。検査の通知があると、教師は絵を裏返しフランコの肖像を表に出した。入学案内のパンフレットは表はスペイン語、裏はカタロニア語で書いた。表と裏で記述に一か所だけ異なる点がある。学校の設立趣旨の箇所である。スペイン語で書かれたものには、「人間的価値を追求する学校でありたい」とされているのに対し、カタロニア語では「本当の平和を教えるために学校は設立された」となっている。サダコ学園の目指した「本当の平和」とは、武力を背景に一時的に得られた秩序ではなく、不正な行為は不正だと発言できる自由と正義を指していた。

「私の祖国はスペインではなく、カタロニアです」。カタロニアの出身で『鳥の歌』で世界的に著名なチェリストのパウ・カザルスが、国連総会での演説で述べた有名な発言である。パウ・カザルスは亡命先のメキシコを本拠地に音楽活動を通じて、祖国カタロニアの自治を願った。当時、カタロニア人の多くが弾圧に屈し自らの言語を否定していた中で、カザルスに限らず「本当の平和」と「祖国の誇り」を取り戻そうと抵抗を続けた人たちは少なくなかった。サダコ学園はそうした人たちに支えられ、自分たちの言語や文化を維持していこうと一貫して子どもたちにカタロニア語で教え続けた。

その後、カタロニアが自治州として認められ中央政府とは独立した行政権を獲得するのは、フランコの死から四年後の一九七九年。サダコ学園ができて一一年後のことである。現在、バルセロナにはカタロニア語だけで放送する公共テレビ局が二局あり、国営テレビと競合している。カタロニア語による出版も盛んで、スペイン語での出版の規模をしのぐものすらあるという。

## アンネ・フランクとサダコ

フランコ独裁時代のさなかに創立したサダコ学園がなぜ、サダコを学校の名前に選んだのか。私たちの最大の関心はその名前の由来にあった。サダコの名前をどうやって知ったのか。サダコの何にひかれて学校の名前に選んだのか。創立者の一人であるカルマ・ルポンさんをバルセロナ市内に訪ねた。

カルマ・ルポンさんは、現在六六歳。サダコ学園を退職して二年、今は姉と二人アパートで静かに暮らしている。高校の歴史の教師だったルポンさんが、カタロニア語で教える学校を作ろうと決意したのは、三四歳のときだった。ルポンさんは当時、ヨーロッパ諸国の進歩的な若者の間で広まっていた「パックス・クリスティ（Pax-Christi）」と呼ばれる平和運動に参加していた。パックス・クリスティは、第二次世界大戦中に敵対したフランスとドイツ両国の人々を和解させようという趣旨から一九五〇年代に生まれた。年に一回、ヨーロッパ各国から若者がフランスに集まり、戦争や自由、正義といったテーマについて議論したり、一日二〇キロもの道のりを行脚して理想主義の精神を育んだ。ルポンさんは、そうした運動に身をおくことで次第に平和教育の必要性を痛感するようになっていったという。

直接戦争の苦しみを経験したことのないルポンさんが初めて平和について考えたきっかけは、学生時代の出来事だった。その日、いつもと同じように友人にカタロニア語で話しかけたルポンさんは、友人から突然、「今日からはスペイン語で話してください」と言われたのである。当時、大学構内でカタロニア語を話すことは禁じられていた。警官がたびたび構内に入りカタロニア語による集会やフランコ体制を中傷するようなビラは取り締まりの対象となっていた。

この出来事があって以後、ルポンさんは家庭ではカタロニア語、学校ではスペイン語と使い分けるようになった。

カルマ・ルポンさん

それから一四年。高校教師となったルポンさんは、パックス・クリスティ運動との出会いを通じて、平和教育とは「ときの政権が押しつける秩序を守ることを教えるのではなく、正義と自由を勝ち取ってこそ平和は生まれるものであると教えることだ」と確信するようになった。そして、その理想を実現するために、運動で知り合った二人の女性と資金を持ち寄り、女子校を設立するための準備を始めた。
ルポンさんは学校の名前を、その理想にふさわしい歴史上の人物から取ろうと考えた。三人で図書館に通い、平和問題に関する文献や、平和運動に身を捧げた人物の伝記を手当たり次第に読んでいった。そして、出会ったのがカール・ブルックナーの『サダコは生きたい』だった。そのときの感動を、ルポンさんは今もはっきりとおぼえている。

この本を読んで、私は広島と長崎の現実を初めて知りました。それまではラジオで聞いた原爆投下のニュースしか知識はありませんでした。しかし、私にとって最も衝撃的だったのは、鶴を千羽折れば病気が治ると最後まで信じたサダコの姿でした。サダコは最後まで生きる希望を失いませんでした。私は彼女の希望と勇気に深く心を打たれました。

ルポンさんにとってサダコが鶴を折る姿は、理不尽なものに抵抗する勇気ある姿そのものだった。それは、フランコ政権下で弾圧されたカタロニアの人たちが、自らの言語と文化を取り戻そうと抵抗する姿と重なった。サダコは、学校の名前の候補に挙げられることになった。

世界中のさまざまな人物の中から最後まで候補として残ったのは、ユダヤ人のアンネ・フランク、インドのガンジー、そして広島のサダコの三人だった。当初、ガンジーを推す声が強かったものの、女子校であるという理由から断念した。結局、アンネ・フランクとサダコが残ったが、サダコという名前には一つだけ難点があった。それは、SADAKOの「SA」はカタロニア語で株式会社を意味し、「KO」も会社という意味の「CO」と発音が似ていることから、ビジネスを連想させるというものだった。

それでも、検討の結果、ルポンさんはサダコの名前を採用することに決めた。それは二つの理由からだった。

サダコは、大人がやる武力競争や経済競争といったばかばかしくて残酷な戦争の犠牲となった子どもたちの象徴です。そのうえ、サダコの折り鶴の話はささやかなことでも自ら平和への道を切り開くことができるということを子どもたちに教えてくれます。その点でサダコは、アンネ・フランクよりも普遍的でした。アンネ・フランクの名前はヨーロッパだけに限られますが、サダコの名前は世界に通用すると考えました。

サダコは、こうしてスペイン・カタロニアの地で、学校の名前として長く子どもたちの記憶に留められることになったのである。

ルポンさんの自宅の書斎には、初めてサダコの存在を知ったブルックナーの『サダコは生きたい』が大切に保管されている。ルポンさんは、今でもときどき、本を手にしてはサダコの生き方に勇気をもらっているという。ルポンさんは三〇年の教師生活を退いた現在、仕事を求めてモロッコからバルセロナに渡ってくる移民たちを相手にカタロニア語をボランティアで教えている。豊かさを求めてときには命を賭して密航してくる彼らの姿に、ルポンさんは真の平和がいまだ実現していないと感じている。ルポンさんは、別れ際、私たちに次のように語った。

サダコは生き続けた。私も人々が連帯精神にあふれ、公平で自由に生きられる平和な世界が実現するよう、これから生きていきたいと思います。

## サダコの授業

サダコ学園は二〇〇〇年の今年、創立三二年を迎えた。学校では創立以来、ブルックナーの『サダコは生きたい』を教材として使用してきた。現在は、小学校高学年の道徳や社会の授業で扱われている。戦争とは何かを学び、人権や平和などといったテーマへの生徒の意識を高めるのが主な目的である。授業の仕上げとして生徒に鶴の折り方も教えている。

サダコ学園の授業風景

サダコが授業でどのように教えられているのか。小学校高学年の道徳の授業に同席させてもらった。授業は、先生と生徒によるディスカッション形式である。『サダコは生きたい』を全員で読んだあとで、それぞれが感想を自由に述べ合い、議論する。

**教師**　本の感想を聞かせてちょうだい。

**生徒**　サダコが鶴を折るのを途中であきらめていたら、悲惨なだけの人生だったと思います。結局は、死ぬしかなかったとしても最後まであきらめなかったサダコの姿が印象に残りました。

**生徒**　私がサダコが素晴らしいと思うのは、彼女が白血病に対して闘う勇気を持ち続けたことです。最後まで闘ったからこそサダコは、私たちのシンボルになれるのだと思います。

**教師**　そうね。もし、サダコに闘う勇気がなかったらこの本は書かれなかったかもしれないし、私たちが読むこともなかったかもしれない。大切なのは、生きるために闘い続けたサダコの勇気です。

生徒たちの議論は、原爆や戦争の恐怖に移っていく。ときは、ちょうどコソボで紛争が続くさなかだった。

**生徒**　もし、カタロニアが原爆の標的になったら、致死の範囲は気象条件にもよるが、カタロニア全土に及ぶくらい拡大しているでしょう。

**生徒**　私たちが原爆を投下する立場に立たされたとき、考えなければならないのは、果たして原爆を投下する以外に戦争解決の道がないのかどうかということだと思います。原爆投下を決意したとき、すでに私たちは尊敬に値しない人間になってしまう。

**生徒**　コソボ紛争の元凶はミロシェビッチだとしても、もしNATOが原爆を投下したら明らかに私たちや加盟国すべてが悪者になる。問題は、爆弾によって多くの罪のない人たちまでが犠牲になってしまうことです。

**教師**　爆弾がどんなものであれ、多くの人が死んでいく。私たちが善人でいられるか、悪者になるかは私たち自身の生き方の問題です。今、地球には平和のない場所がたくさんあります。平和とは、戦争に対して闘うこと。サダコはささやかだけどそれを行った。だからこそ、サダコが最後まで持ち続けた希望は美しいのです。

サダコの折り鶴の話は、教材として驚くほど子どもたちに浸透している。ユニークなのは、日本特有の文化でもある折り鶴が、二年前から数学の授業の教材にまで取り入れられている点である。「折り鶴の幾何学的な形態は、子どもたちの数学的概念の発達にも非常に有効です」と話してくれたのは、数学を担当するカルメン・トラルバ教諭である。折り紙の風習のないスペインの子どもたちにとって、折り鶴はきわめて難しい作業だったが、今では生徒全員が折り鶴を折ることができるようになったという。

鶴の折り紙で遊ぶサダコ学園の子どもたち

また、サダコ学園の特徴の一つに課外授業がある。学校では毎年、平和や人権に関するテーマを決めてボランティア活動を行っている。市内の施設で両親と離れて暮らしている子どもたちに服や文房具をプレゼントしようと、家で使わなくなったものを全員で持ち寄ったり、合唱コンサートを行って、その収益を難民施設に送ったこともある。近年は、湾岸戦争の被害者、ルワンダ難民、ボスニア難民などに食料や衣類の寄付を行った。

サダコ学園がこの三〇年あまりに送り出した卒業生の数はおよそ一三〇〇人。サダコ学園の教育理念は、卒業生たちに確実に受け継がれている。男子卒業生の多くが九か月の兵役義務を拒否したり、ボランティア・福祉活動の道に進んだりしているという点にも表れている。それぞれの道を歩んだ三人の卒業生を取材することができた。

キコ・マルベイさんは三〇歳。現在はバルセロナ市内の高校の体育教師をしている。マルベイさんは三歳から一七歳までをサダコ学園で過ごした。「自分にとって家族のような場所」だと話すマルベイさんは、兵役の代わりに国から指定されたボランティア活動を選んだ。障害者からお年寄りまであらゆる人にスポーツを楽しんでもらうために設立されたスポーツ促進協会で一年間働いた。兵役を拒否したのは、サダコ学園で学んだ一四年間の経験が大きく影響しているという。

「戦争は何の解決策にもならない。それなのに兵役で戦争の仕方を教わるのは無意味だし、時間の無駄だ。戦争の実現のために生きることは考えられないし、人間として貧しくなるだけだと思う」。マルベイさんはサダコ学園で、人間として正しく生きることを学んだ。

二九歳のジョアン・ロッチさんは、バルセロナに本部を持つスペインのNGOの「国境なき教育」で四年前から広報を担当している。この組織は主にラテンアメリカやアフリカにおいて活動を行っている。学校建設や教育プログラムの作成、啓発運動など仕事の内容はさまざまである。七〇人のメンバーのうち給料をもらっているのは一五人だけ。あとは皆ボランティアで働く。安い給料だが、「小さな組織だからこそやりがいがある」とこのＮＧＯを選んだ。

ロッチさんは小学校一年から高校まで一〇年間、サダコ学園に通った。幼稚園の先生を務める母親の勧めがあったのと、当時はまだ少なかったカタロニア語で教える学校だったことがサダコ学園を選んだ理由だった。授業で『サダコは生きたい』を読んで、サダコが示した希望と平和、忍耐を身近に感じた。授業で折り鶴を折ったこともいい思い出だ。ロッチさんにとってサダコ学園での経験は、教育に対する姿勢や考え方の面で今の仕事に役立っているという。なるべく生徒たちに自由に考えさせる教育方針のモデルとして大いに参考にしている。

「自分に子どもができたら、やはりサダコ学園に通わせたい」。ロッチさんはサダコ学園への熱い思いを語ってくれた。

「自分にとってサダコ学園は、人生の大きな部分を過ごした、安心できるわが家」だと話してくれたパウ・カブレさんは二五歳。小学校から高校卒業までサダコ学園に通った。サッカー部に所属していたカブレさんは、ほかの学校との試合のたびに、ユニフォームにプリントされたサダコの顔の由来と意味を聞かれたことが楽しい思い出として残っている。折り鶴の折り方は今はもう忘れてしまったが、広島をテーマにした学園祭では人一倍大きな折り鶴を折った。

カブレさんは、現在大学で建築を学んでいる。エリート意識に反発して大学二年のときから毎年夏休みを利用してＮＧＯの「国境なき建築家」でボランティア活動をしてきた。最初はバルセロナ市内で、建築用の資材を整理する簡単な仕事だったが、二年目からは友人と三人で南米のエクアドルへ派遣され、現地で住宅や学校の建設の監督、指導の機会が与えられた。その経験が忘れられず、その後もハイチ、エクアドルと海外でのボランティア活動に打ち込んだ。大学に援助を頼んで旅費を出してもらい、滞在費はアルバイトでまかなった。現地で過ごした数か月間は何にも代えられない貴重なものとなった。

サダコ学園で学んだ平和と博愛の精神は今も彼の生き方に影響している。今年、卒業を控えたカブレさんは、卒業制作としてバルセロナ市立の老人ホームの設計に取り組んでいる。「自分の町に欠かせないもの、そして人々の役に立つ建物を設計したい。老人ホームやさまざまなハンディを負った人たちの住む場所をいかに楽しくデザインするか、腕の見せ所です」。カブレさんの夢は尽きない。

サダコ学園の取材の最終日、私たちは女子生徒の一人から思わぬプレゼントをもらった。二センチ四方の折り紙で折られた小さな折り鶴だった。「広島のサダコの銅像に捧げてください」。スペイン・バルセロナの少女が折った小さな一羽は手にずしりと重い感触を残した。サダコ学園で、サダコは理不尽なものに抵抗する意志の象徴として、確実に子どもたちの心に刻まれていた。

# 7 希望と勇気の物語へ

エレノア・コア『サダコと千羽鶴』表紙

## 東西冷戦のさなかに

一九六〇年代に入ると、東西の冷戦が一層の激しさを増し、東西両陣営は競って核兵器開発にしのぎをけずった。六〇（昭和三五）年にはフランス、六四（昭和三九）年には中国が原爆実験を行い、先行していたアメリカ、ソビエト、イギリスと並び、核保有国の仲間入りをした。

キューバ危機によって、世界の緊張が一気に高まった六二（昭和三七）年には、実に一年間に一七〇回を超える核実験が行われている。この年の四月二〇日、アメリカの核実験再開の動きに抗議して、広島平和記念公園の原爆慰霊碑前で大規模な座り込みが行われた。故・森瀧市郎広島大学名誉教授らを中心に、のべ五〇〇〇人が参加して行われた無言の抗議は、一二日間にもわたった。座り込み自体は、その五年前、南太平洋のクリスマス島でイギリスが計画していた水爆実験の中止を求めて、故・吉川清さん、河本一郎さんら四人が行ったのが最初だったが、これほどの人数が参加して本格的に行われたのは、このときが初めてである。

六八（昭和四三）年、フランスが初めて水爆実験を行った。このとき、当時の山田節男広島市長がドゴール大統領に直接抗議電報を打った。以来、現在に至るまで、核実験が繰り返されるたびに、広島市長は当事国に宛てて抗議電報を打ち続けている。

その抗議文の回数が通算一〇〇通を超えた一九七七（昭和五二）年、まったく新しい見方に立ったサダコ物語が登場した。児童文学作家エレノア・コアの『サダコと千羽鶴』である。今、サダコストーリーとしては、世界で最も読まれている本である。
この作品『サダコと千羽鶴』によって、サダコの死は、悲劇から希望の物語へとコペルニクス的転換を遂げた。病床から折り鶴を見つめるサダコの様子を描いたラストシーンに注目したい。

もうサダコは目がよく見えなくなっていました。それでも、やせて震える手を伸ばして金色の鶴にさわろうとするのでした。命がサダコから滑り落ちようとしているのに、その金色の鶴はサダコに力をわかせるのでした。サダコは天井から吊り下げられた何百もの折り鶴を眺めました。眺めていると、秋のそよ風が鶴たちを揺らし、かさかさと音を立てました。鶴たちはまるで生きているかのように、開け放たれた窓から飛び出して行きました。飛んで行く鶴たちの、なんときれいなことでしょう。サダコはそっと息をはいて目を閉じました。

二度と目を覚ますことはなかったのです。

（『サダコと千羽鶴』）

サダコが亡くなっても、折った鶴が飛び立つことで、サダコは希望に満ちた姿に描かれたのである。

## 「原爆の子の像」と出会って

『サダコと千羽鶴』を書いたエレノア・コアさんは、カナダ・サスカチュアン州出身の女性作家である。一九九九（平成一一）年四月、インターナショナルスクールでの講演のために広島を訪れたエレノアさんに、私たちは直接会って取材することができた。

エレノアさんと日本との出会いは、思いのほか早く、一九四九（昭和二四）年にさかのぼる。当時、エレノアさんはカナダの首都オタワの新聞社「オタワ・ジャーナル」で働いていた。上司から、日本へ特派員を送るという話を聞いた二二歳のエレノアさんは、年齢を二八歳と偽って、自ら志願した。幼いころ、日本の着物や下駄が描かれた絵本を手にして、日本の生活文化に強い関心を抱いていたのである。

来日したエレノアさんは、できるだけ日本人のありのままの暮らしぶりをリポートしたいと考え、東京ではなく地方に滞在することを望んだ。連合国軍の許可を得て、イギリス兵とカナダ兵が駐屯していた鳥取県弓ヶ浜半島の農家で「ホームステイ」をすることになる。今でこそ外国人のホームステイは珍しいことではないが、戦争に負けたばかりで食料もままならない当時の日本の事情を考えると、若い外国人女性がそんな農村に住むというのはかなり異例なことである。受け入れてくれた家には、まだ水道も水洗トイレもなく、風呂も屋外にあって竹で囲んであるだけだったという。

この鳥取県の農家に滞在していたエレノアさんは、来日した翌年、取材旅行で初めて広島に足を運んだ。まだ佐々木禎子が元気に小学校に通っていたころである。もちろんこのとき、エレノアさんは禎子を知る由もない。

私が一九五〇（昭和二五）年に初めて広島に来たとき、そこはまだ瓦礫の山でした。正直、もう二度とここには来たくないと思いました。だって、街は廃墟そのものだし、被爆で火傷した跡が残った人の姿もたくさん見かけ、とても悲惨だったのです。

（エレノア・コアさん）

それから一二年後、アメリカの雑誌の契約記者として台湾で仕事をしていたエレノアさんは、二度と来たくないと思った広島を再び訪れることになる。

エレノア・コアさん

別の仕事で東京に来た一九六二（昭和三七）年のある日、日本人の友人に広島にある銅像のことを記事にしてみないかと勧められたんです。またつらい気持ちになるから行きたくないと思いましたけど、友人が「街も新しく復興されて、きれいになったわよ」って。結局、好奇心も手伝って、もう一度広島に来たんです。美しい街を見てすごく嬉しかったし、とても驚いたわ。そのとき、私たちは平和記念公園に行って、佐々木禎子さんの銅像に出会いました。悲しい思いに満ちた公園の真ん中にあって、像はひときわきれいでした。原爆資料館で見た悲惨な現実とは対照的でした。像のてっぺんに立っている少女の姿は、幸福を象徴しているように見えました。まるで禎子さんの命がそこに宿っているかのようでした。（同）

「原爆の子の像」とエレノアさんとのこの出会いが、希望の物語が生まれるきっかけになった。前述した通り、この六二年は核実験が一七〇回も行われ、広島で座り込みが本格的に始まった年である。まさに東西冷戦を象徴する年に、サダコの折り鶴が世界に羽ばたくための決定的な出会いがあったのだ。

エレノアさんは、銅像の少女について詳しく知りたいと思った。調べるうちに、広島で平和活動をしていたアメリカ人夫妻から、少女について詳しく書かれた文集があると教えてもらった。禎子の同級生たちが作った追悼文集『こけし』のことである。エレノアさんは『こけし』を読みたいと思ったが、このときはかなわなかった。その後、アメリカで暮らすようになったエレノアさんは、何年も経ってから、宣教師をしている友人を通じて偶然『こけし』を手に入れることができた。彼女は、禎子の遺稿や家族、友人の文章を詳細に読み込み、細かい事実の把握に務めたうえで、執筆を始めた。

文集を読んで、サダコがとても勇敢な少女だったことがわかりました。彼女は強い子だったのです。作品では、何よりもサダコの勇気を伝えたいと考えました。彼女は家族に向かって、痛くてたまらないとか、そんなことは決して言いませんでした。家族を悲しみに暮れさせるより、明るい気持ちでいてもらいたかったのです。歌を唄ってまわりを楽しくさせようとしたんです。でも、サダコは夜、誰もいなくなったとき、一人で泣いていたんです。（同）

エレノアさんが感じ取ったサダコの強さ、生きることに前向きな姿勢は、たとえば次の箇所でも表現されている。


看護婦のヤスナガさんがサダコに眠るようにと、薬を飲ませました。サダコは手を伸ばして金色の鶴に触れ、目をつむりました。そうして、こけしのほうに向かって、「元気になってみせるわ。それから風のように走ってみせる」と小さな声で言いました。

その日以来、ヌマタ先生はサダコに毎日のように輸血か注射をするようになりました。先生は、「痛いのはわかっているんだけど、僕たちも一所懸命やるからね」と言ってくれました。

サダコは注射がいやだとか体が痛いとか、ほとんどいつも痛いはずなのに、言ったことはありません。それ以上に大きな痛みが心の奥にあるからです。それは死の怖さでした。

病気とだけでなく、それとも闘わなければならなかったのです。金色の鶴が味方でした。それを見ると希望があることを思い出すのです。

（『サダコと千羽鶴』）

死の恐怖と直面しても、サダコは決して希望を捨てていない。エレノアさんは、サダコを悲劇のヒロインとして描くだけではなく、逆境の中でも希望を見失わず前進していく彼女の勇気を伝えることを心がけた。エレノアさんの文章は、決してそのことを声高に謳い上げるのではなく、読者の心に静かに浸み通っていくようなものである。

「原爆の子の像」と出会ってから一三年後の一九七五（昭和五〇）年、作品が完成した。

ほとんどの場合、私はいったん本を書き終えると、その内容を忘れて、次の執筆に取りかかることにしています。でも、サダコは決して頭から離れません。彼女はもう、私の分身のような存在ですから。

（エレノア・コアさん）

## 少部数での出版

エレノアさんは特別の思いを込めて書き上げた『サダコと千羽鶴』の原稿を、ニューヨークの出版社パットナムズサンズに送る。アメリカで児童文学作家の道を歩んでいた彼女は、この出版社からすでに七冊の本を出していた。十分な信頼関係は築かれていたのだが、出版社の反応は思いもよらない冷たいものだった。

彼らはその原稿を送り返してきました。この本は出版できないというのです。一つ目の理由は、残酷な死を取り上げたものは、児童文学として好ましくないというものでした。二つ目は、それが日本人の話で、日本人の少女に同情を向けることになるからだそうです。日本人は敵なのだから、この本は出版できないと言われました。（同）

日本との戦争が終結してから三〇年が経過していたにもかかわらず、アメリカの一部には日本に対する敵国感情がいまだに残っていた。広島・長崎への原爆投下についても、アメリカは戦後一貫して、「戦争を早く終わらせるのに必要だった」という立場をとり続けている。そのアメリカで、原爆、それも被爆者をテーマにした本を出版するには、相当の覚悟が必要だったのである。

エレノアさんは作品のまえがきで、はっきりとこう記している。

『サダコと千羽鶴』は一人の日本の少女の物語です。彼女は一九四三年に生まれ、一九五五年に亡くなりました。

サダコはアメリカ合衆国が第二次世界大戦を終わらせるために一発の原子爆弾を広島に落としたとき、広島に住んでいました。一〇年後、サダコは原子爆弾の放射能により、病気で死んでいったのです。
日本中の子どもたちは頑張るサダコの姿に感動しました。これはその少女、サダコの物語です。

しかし、原爆を投下したアメリカの子どもたちに、被爆して亡くなった少女の話を読ませれば、原爆に対する罪の意識を植えつけることになりはしないか。そうだとすれば、アメリカの子どもの教育にとって必ずしもよいことではないというのが、編集者の考えだった。
この反応にショックを受け、エレノアさんは出版を半ば諦めかかった。しかし、数か月後、失意の彼女のもとに、再び出版社から連絡があった。

この本の出版について、考え直したいと言ってきたんです。少ない部数であっても出版したいと。つまり、学校の図書館に設置してある鍵つきの書庫に置いて、教師から子どもたちの親に貸し出し許可を出す形でなら読ませられるというのです。誰でもすぐに読めるわけではないの。許可が必要でした。（エレノア・コアさん）

アメリカの学校の図書館で、『サダコと千羽鶴』が本当にこのような扱いを受けたのかは定かではないが、とりあえず出版社は五〇〇〇部だけ刊行することに同意したのである。エレノアさんは必ずしも本意ではなかったが、お蔵入りになるよりはと、この五〇〇〇部だけの出版を承諾した。作品がようやく日の目を見たのは、完成から二年経った七七（昭和五二）年のことである。しかし、出版してしばらくは、読者からの反響も今ひとつだった。

読者の声は、初めは決して好意的とはいえませんでした。軍の関係者の家族から、祖父が戦争に行っていたので不愉快だという感想が送られてくることもありました。（同）

好意的な反応もないわけではなかった。当時住んでいたカリフォルニアの自宅には、学校で本を読んだという子どもたちから、ぽつりぽつりと折り鶴が送られてくるようになった。エレノアさんは出版の翌年の八月六日、これらの折り鶴を入れた大きな袋を携えて一六年ぶりに広島を訪れ、「原爆の子の像」との再会を果たした。

一方で、子どもたちの親の世代の多くは、エレノアさんの本に否定的だった。「広島の少女の話ではなく、日本軍による真珠湾攻撃で死んだ少女の話を書くべきだ」というのが、この時期聞かれた最も典型的な批判だったという。

しかし、時代の大きな流れが、『サダコと千羽鶴』に対する人々の評価を、少しずつ変えていくことになる。

## 反核運動の高まりとともに

一九七九（昭和五四）年、ソビエトがアフガニスタンの内戦に軍事介入した。これに抗議した西側諸国は翌八〇（昭和五五）年のモスクワ・オリンピックをボイコット、東西対立の緊張が一段と高まった状態で、一九八〇年代はスタートした。

このころ、アメリカ、ソビエトの二大核保有国は、政治の舞台では軍縮交渉を行いながらも、軍事的には核兵器の開発、配備の競争をエスカレートさせていく。「大陸間弾道ミサイル（ICBM）」、「戦略防衛構想（SDI）」、「中距離核戦力（INF）」といった用語が、連日ニュースや新聞紙面を賑わしていた。八三（昭和五八）年一二月には、アメリカの科学誌が核戦争の危機の度合を表す「世界終末時計」の針を、「三分前」にまで進める。さらに八五（昭和六〇）年には、「人類は全面核戦争によって滅びる」とする「核の冬」の理論がアメリカで発表され、世界の人々を震撼させた。八六（昭和六一）年、世界の核弾頭の数はピークに達し、推定で六万九四八〇を数えるまでに至る。

世界中の市民の間で、反核運動がかつてないほどの高まりを見せたのも、この八〇年代前半である。ヨーロッパやアメリカで、大規模な反核デモが繰り広げられた。なかでも、八二（昭和五七）年にニューヨークで行われたデモには、一〇〇万人が参加した。日本からも、広島・長崎の被爆者を含む一二〇〇人が加わり、「ノーモアヒロシマ」、「ノーモアナガサキ」、「ノーモアヒバクシャ」のシュプレヒコールを繰り返した。被爆地・広島で、それまで口を閉ざしてきた被爆者が自らのつらい体験を語り、核兵器のない平和を訴える「語り部活動」に立ち上がったのも、このころである。

出版当初、アメリカ国内でさして認められなかったエレノア・コアさんの『サダコと千羽鶴』は、世界的な反核運動の潮流と呼応するかのように、次第に読者層を広げていく。

ニューヨークで行われた反核デモ（1982年）

八二、三年ころからアメリカでは反戦運動が活発になり、人々の関心が核兵器に集まり始めました。自分の国にどれぐらい核兵器があるのか、何が行われていたのか知らなかった人たちが核兵器に関心を持ち始めました。本が読まれるようになったのは、ちょうどそのころからです。

（エレノア・コアさん）

たった五〇〇〇部からスタートした『サダコと千羽鶴』だが、八〇年代以降は増刷を重ね、これまでにアメリカ国内で六二万部が刊行されている。全米読書協会の推薦図書にも選ばれた。さらに、スペイン語、ロシア語、中国語、スウェーデン語、シンハラ語など十数か国語に翻訳され、世界中に幅広い読者を得るまでになった。

## 『サダコと千羽鶴』抄録

『サダコと千羽鶴』は反核運動の高まりという時代背景の中で、多くの人に読まれるようになった。とはいえ、作品には直接核兵器廃絶を訴えるような文言は出てこない。もし、紋切り型の反核メッセージの書だったとすれば、これほど子どもたちに受け入れられることはなかっただろう。

世界中の子どもたちは『サダコと千羽鶴』のどのようなところに感動しているのだろうか。エレノアさん自身は、ストーリーをできる限りシンプルなものにしたからこそ、強いインパクトを与えることができたのだと分析している。物語は、それぞれが簡潔に書かれた九つの章からなる。サダコが亡くなるまでの最後の一年あまりに絞り、登場人物の数も最小限に留めている。

NHKスペシャル「サダコ〜ヒロシマの少女と二〇世紀〜」の放送後、視聴者の方から、『サダコと千羽鶴』を読みたいが日本語版は手に入るのかという問い合わせが多数寄せられた。残念ながら、二〇〇〇年八月現在、日本語の翻訳は出版されていない。多くの方々の関心に応えるために、少し長くなるが、作品の章立てに沿って詳しく内容を紹介したい。なお、翻訳は前出の部分を含めて小倉桂子さんにお願いした。

第一章「よい兆し」。元気いっぱいの一一歳の少女・サダコが、一九五四年八月六日の朝を迎えたところから物語は始まる。

サダコは走るために生まれてきたような子どもでした。あんよの前にもう走るようになっていたとお母さんはいつも言っていたくらいです。

一九五四年のある夏の朝、サダコは服を着替えるとすぐに表に飛び出していきました。サダコの髪に朝日が当たって黄金色に染めました。空には雲ひとつなく、晴れわたっています。よい兆しです。サダコはいつもよい兆しを探している、そんな子でした。

自宅に戻ったサダコは眠っている兄マサヒロを起こし、弟エイジの着替えを手伝ってやり、妹ミツエといっしょに布団をたたむ。父母とともに、原爆で亡くなった祖母の霊前に手を合わせ、朝食を済ませる間も、サダコは落ち着かない。八月六日は「平和記念日」で、毎年この日は家族と出かけることになっているからだ。サダコは人波や音楽、花火、綿飴を思い描き、外出を楽しみにしている。両親の支度を待つ間、サダコは一匹の蜘蛛を見つけ、「朝の蜘蛛は縁起がよいしるし」と、また楽しい気分になる。

第二章「平和記念日」。サダコは近所の幼なじみチズコも誘って家族と平和記念公園に出かける。人々の列について記念館（原爆資料館を指すものと思われる。実際には、一九五四年にはまだ原爆資料館はなかった）に入るが、原爆で廃墟となった街で死んだ人々の写真を見るのが恐ろしく、サダコは目をそむけて通り抜ける。慰霊祭（平和記念式典）のあと、いよいよサダコが楽しみにしていたときが訪れる。

毎年のようにこの一日はあっという間に時間が経って、サダコが一番好きな時間になりました。夜店を冷やかしたり、おいしそうな匂いを嗅いだりする時間です。お饅頭からコオロギまで、夜店では何でも売っています。でも白っぽい火傷の跡のある人たちを見るのは一番いやです。原爆の火傷はもう人間と思えないほどの姿にしてしまうほどひどいものでした。火傷を負った被爆者が寄ってきたら、サダコは慌てて離れてゆくのでした。

夕日が沈むと、賑やかさは増してきます。打ち上げ花火の最後のきらめきが消えてしまうと、人々は紙の灯篭を手に手に、太田川の土手を下りていきます。

サダコのお父さんは六個の灯篭の中にあるロウソクに火をつけました。六人家族一人に一つずつです。どの灯篭にも原爆で亡くなった縁者の名前が書いてあります。サダコも自分の灯篭に、おばあちゃんの名前を書きました。ロウソクが明るく灯った灯篭が太田川に浮かべられて、海の方へ流されていきます。暗い水面を漂う蛍の群れのように。

第三章「サダコの秘密」。秋になり、サダコは学校で運動会のリレー選手に選ばれる。来年、中学校に進学して陸上チームの選手になるのがサダコの一番の夢である。運動会の日、両親の見守る中、力一杯走るサダコ。チームは優勝するが、彼女は少しめまいを感じる。冬に入り、めまいは次第にひどくなるが、サダコは誰にもそれを打ち明けないまま正月を迎える。

幸せそうな初詣客の人波の中でサダコは自分の秘密のことを一瞬忘れていました。新しい年の喜びが心配事を振り払ってくれました。初詣の帰り、マサヒロ兄さんと家まで競走して、サダコは難なく勝ちました。玄関の軒にはお父さんが家族の加護を願って飾った、新年のしめ縄があります。

新年がこんなにいい始まりなのに、悪いことなど起こりようがないでしょう?

第四章「もう隠しておけない」。二月、校庭を走っていたサダコは、ついに倒れる。日赤病院に担ぎ込まれ、診察を受けていると、家族が駆けつけてきた。両親が診察室で医師の説明を受ける間、サダコが外で待っていると、「白血病だなんて! そんなわけありません」と叫ぶ母の声が聞こえる。サダコはそのまま入院することになった。夜、サダコは一人になると病院のベッドで長い間泣いていた。

第五章「金の鶴」。翌日、友だちのチズコがサダコを見舞う。彼女は紙とはさみを携えて病室にやってきた。

「サダコちゃんの病気が治る方法を見つけたの」。チズコは金色の紙を大きな正方形に切りながら、「危ないから気をつけてね」と言いました。そしてあっという間にその紙を折ってきれいな鶴を折りました。

サダコは困った様子で尋ねました。

「でもどうして紙の鶴が私の病気を治してくれるというの？」

「鶴にまつわる昔からの言い伝えを聞いたことある？」

チズコは続けてこう言いました。

「鶴はね、千年生きると思われているのよ。もしも病気にかかっている人が折り鶴を千羽折ったら、神様が願いごとをかなえてくれてもう一度元気にしてくれるんですって」。チズコは自分が折ったその鶴をサダコに手渡して言いました。

「はい、これがサダコちゃんの第一羽目」

サダコの目は涙であふれんばかりでした。こんな幸運のお守りを持ってきてくれるなんてチズコは何と親切な友だちなのでしょう！　サダコは金の鶴を手に取り、願いごとをしました。その鳥に触れると、わずかでしたがとても楽しい気持ちがサダコにわいてきました。よいことが起こる兆しに違いありません。

サダコは鶴を折り始めた。兄のマサヒロがサダコの鶴を病室の天井から吊してくれることになった。金色の鶴はテーブルの上の一番いい場所に置くことにした。

夕食後お母さんがミツエとエイジを連れて病院にやって来ました。みんな鶴を見て驚きました。その鶴はお母さんに昔からよく知られている詩を思い出させました。

色紙でできた鶴たちが
うちへ飛んでやってきた

ミツエとエイジは金色の鶴が一番気に入りました。お母さんは緑色の紙にピンク色の傘の絵がついた鶴を選びました。

「私はこれが一番気に入ったわ。小さい鶴は折るのがとても難しいから」

みんなが帰ると病室の中は淋しくなりました。淋しくなったのでサダコは勇気を奮い起こしてもっと鶴を折りました。

一一羽、はやくよくなりますように。

一二羽、はやくよくなりますように。


第六章「ケンジ」。友だちや家族、看護婦さんまでもが、サダコが鶴を折るための紙をとっておいてくれるようになった。今では、サダコは自分の病気が白血病だとわかっていたが、治りたいと願っていた。鶴の数は三〇〇羽を超えた。サダコはケンジという九歳の男の子と知り合う。ケンジは母親の胎内にいるときに被爆し、同じく白血病を患っていた。原爆で両親を亡くしているケンジは、自分はもう助からないと考えていた。

部屋へ戻るとサダコは考え込みました。病気のうえに家族がいないケンジはどんな気持ちなのか想像しようとしました。ケンジは勇敢だと思いました。サダコは一番きれいな紙で大きな鶴を折りました。そしてそれを廊下の向かい側のケンジの部屋に置きました。きっとその鶴はケンジに何かいいことを運んできてくれるだろうと願いながらです。それからサダコは自分の鶴をもっと折りました。

三九八羽

三九九羽……

サダコは看護婦のヤスナガさんからケンジが死んだと聞かされる。ヤスナガさんはサダコを勇気づけ、鶴を折り続けるように勧める。

第七章「数え切れないほどの願い」。六月、サダコの顔色は悪くなり、食欲もなくなる。母がせっかく持ってきてくれた好物の卵焼きや饅頭も食べられない。自分に腹を立てるサダコを、母と兄が慰める。

兄さんは帰る前に、「あ、忘れるところだった。エイジがこれをお姉ちゃんにって」と言って、ポケットに手を突っ込むとしわくちゃの銀紙を引っ張り出してサダコに渡しました。

「ほら、エイジがこれで鶴を折ってくれって」

サダコがその銀紙の匂いを嗅いで、

「うーん、あまーい匂いがする。神様がチョコレート好きならいいけど」と言ったので、三人は吹き出しました。笑ったのは何日ぶりでしょう。よいしるしだとサダコは思いました。金色の折り鶴の魔法が効いてきたのかも知れません。サダコは銀色のしわを伸ばして、それで鶴を折りました。

五五一羽

でもサダコは疲れてしまってもう折れません。ベッドに横になって目を閉じました。お母さんは、サダコが小さいときによく聞かせていた詩をささやきながら、病室からそっと出て行きました。

天の使いの鶴たちよ
我が子をその翼で守ってやっておくれ

第八章「最後の日々」。七月の末になって、折り鶴の魔法が効いてきたのか、サダコの病状は少しよくなった。医師のヌマタ先生から許可をもらって、お盆に家に帰ったサダコだったが、再び体調を崩し、病院に戻る。病状は日に日に悪くなった。窓の外の紅葉が色づき始めたころ、母が縫い上げた桜模様の着物を持って、家族がやってくる。サダコは力をふりしぼってベッドから起き上がり、着物に袖を通す。

ちょうどそのとき、チズコが入ってきました。ヌマタ先生が短い時間ならと面会を許してくれたのでした。チズコは着物を着たサダコを見てびっくりしましたが、「学校の制服よりよく似合うわ」と言いました。それを聞いてみんな大笑いをしました。サダコも笑ってしまいました。

「じゃあ、元気になったらこれを着て学校に通うね」とサダコが冗談を言ったので、ミツエとエイジはくすくすと笑いました。

ほんのつかの間でしたが、家で楽しく過ごしていた時間が戻ったようでした。それからみんなでしりとりをしたりサダコの好きな歌を唄ったりしている間、サダコは椅子にしっかり座って、そうしているのがつらいのを悟られないようにしていました。つらくても我慢しただけのことはありました。お父さんお母さんが喜んで帰っていったからです。

その日サダコは一羽しか折る力が残っていませんでした。

六四四羽……

これがサダコが折った最後の鶴でした。

第九章「風と走る」。サダコは死のことを考える。一〇月半ばになると、もう昼と夜の区別がつかなくなった。目を覚ますと母が泣いている。サダコは母を悲しませないように、鶴を折って奇跡を起こそうとする。手探りで折ろうとするが、指が動かない。ヌマタ先生がそっと手から紙を取り上げる。

サダコは先生が、「もう今日は休みなさい。明日また折ればいいから」と言うのがかすかに聞こえました。

サダコは小さくうなずきました。明日……、でも明日はずっと先のように思えました。次にサダコが気がつくと、家族みんなが集まっていました。サダコはみんなに微笑みかけました。こんなに温かい、愛にあふれた家族に囲まれているのです。この家族を引き離すことはなにものにもできません。いつまでもみんないっしょにいるのです。

もうサダコは目がよく見えなくなっていました。それでも、やせて震える手を伸ばして金色の鶴にさわろうとするのでした。命がサダコから滑り落ちようとしているのに、その金色の鶴はサダコに力をわかせるのでした。サダコは天井から吊り下げられた何百もの折り鶴を眺めました。眺めていると、秋のそよ風が鶴たちを揺らし、かさかさと音を立てました。鶴たちはまるで生きているかのように、開け放たれた窓から飛び出して行きました。

飛んで行く鶴たちの、なんときれいなことでしょう。サダコはそっと息をはいて目を閉じました。

二度と目を覚ますことはなかったのです。

九つの章からなる物語はここで終わっている。どんなに苦しい状況にあっても、サダコは必ず何か些細な事柄に「よい兆し」を、希望を見いだそうとする。この前向きなサダコの姿が、暗く悲愴なものになりがちな死の物語を、ほんのりと柔らかい光で包み込んだような、やさしい手触りのものにしている。

作者エレノアさんは、このあとの「結び」で、佐々木禎子が亡くなったあと、学校の友人たちが『こけし』を出版し、「原爆の子の像」を作った経緯をこう紹介している。

禎子の友人たちは禎子と原爆で死んでいった子どもたちのための記念碑を建てたいと願うようになりました。国中の小中学生たちがその計画のための募金集めを手伝ったのでした。ついに願いはかないました。一九五八年、原爆の子の像は広島平和公園の中に建てられました。御影石でできた高くそびえる楽園の頂に立つサダコは、空に向かって差し伸べた両手で金色の折り鶴を掲げています。

広島折鶴の会は佐々木禎子さんを記念して結成されました。会員は今でも八月六日の平和記念日にはサダコの像の下に千羽鶴を供えて願うのです。会員たちの願いは像の台座に次のように刻まれています。

これはぼくらの叫びです
これは私たちの祈りです
世界に平和をきずくための

のちに、この部分を読んで心を動かされたアメリカの子どもたちが、「日本の子どもにならって平和のモニュメントを作ろう」と立ち上がることになる。

# 8
# 核大国アメリカを揺るがしたサダコ

アルバカーキ美術館に立った
「子どもの平和の像」

## 原爆を生み出した町

一九八九(平成元)年、東西ドイツを隔てていたベルリンの壁が崩壊する。これにより、戦後の世界の枠組みを形作っていた東西冷戦構造が、事実上終焉した。冷戦の中で語り継がれてきたサダコの物語も、新しい時代を迎えることになる。

雪解けムードの中、一九九一(平成三)年七月、アメリカとソビエトが、戦略核兵器を史上初めて削減するSTARTⅠ(第一次戦略兵器削減条約)に調印する。その直後、ソビエト連邦は解体したが、あとを引き継いだロシアとアメリカは、さらに九三(平成五)年、STARTⅡ(第二次戦略兵器削減条約)に調印した。これにより、九〇年代初頭それぞれ一万発を超えていた両国の長距離戦略核弾頭は、二〇〇三年までに三〇〇〇から三五〇〇発程度に削減されることになった。

ポスト冷戦時代に入り、「核軍縮」の取り組みはそれなりに進められることになったが、「核廃絶」となると、その先行きは依然、灰色の雲の中である。二〇〇〇(平成一二)年五月、ニューヨークの国連本部で開催されたNPT(核拡散防止条約)再検討会議は、「核保有国は核廃絶の達成を明確に約束する」という条項を盛り込んだ最終文書を採択した。一定の成果といえるが、これはあくまでも原則に過ぎず、具体的な核廃絶への方策が示されたわけではない。

最大の核保有国アメリカは、現在も変わらず「核兵器はアメリカの安全の要」だと位置づけている。一九九七（平成九）年には、世界で初めて核爆発を伴わない臨界前核実験に成功した。核開発を「密室」で行う、ますます不透明な状況を生み出したのである。

アメリカ南西部、ニューメキシコ州のロスアラモス。臨界前核実験はもとより、あらゆる核兵器の研究を行ってきたアメリカ核開発の総本山である。ベルリンの壁が崩壊した翌年、サダコの物語を読んだ子どもたちが始めた一つの運動が、この町を大きく揺るがすことになる。

第二次世界大戦中、「マンハッタン計画」の名の下に原子爆弾の開発に着手したアメリカは、国内外から優秀な科学者を集め、砂漠と岩肌むき出しの高原が果てしなく続く辺境の地ニューメキシコに、極秘に研究施設を築いた。名前は、ロスアラモス国立研究所（LANL）。一九四三（昭和一八）年、奇しくも広島で佐々木禎子が生まれた年のことである。二年後の四五（昭和二〇）年七月一六日、ロスアラモス研究所は、ニューメキシコ州のアラモゴード砂漠でトリニティーと呼ばれる世界最初の核実験に成功する。そして八月六日、広島。八月九日、長崎。アメリカ空軍機が投下した原爆は、いずれもロスアラモスで製造されたものである。

ロスアラモス研究所は米エネルギー省が所有する二八の研究所の一つで、カリフォルニア大学が実際の運営を任されている。広さ一万一〇〇〇ヘクタール、一万人が働く世界最大級の研究機関だ。国家の重要機密である核開発を扱うだけに、警備も厳重である。私たちのような外国のテレビクルーには、内部の撮影許可はまず下りない（通常、研究所側が撮影した映像を提供してもらうことになる）。せめて通勤風景だけでもと、研究所の広報担当者に立ち会ってもらい門の前で撮影を行ったが、その間も警備の車が次々にやってきては、「何をやっているのか」と広報担当者を問いただす。彼のＩＤカードの番号まで控える徹底ぶりだ。私たちの行動は、監視カメラで至るところから見張られていたらしい。

その研究所と橋一つ隔てて、ロスアラモスの町がある。人口は一万八〇〇〇人。半数が研究所に関わる仕事に就いているという。ダウンタウンにあるブラッドバリー科学博物館では、ロスアラモス研究所の歴史と業績を称える展示が行われている。広島の原爆資料館とは違い、原爆が第二次世界大戦を終わらせるのに役立ったことを強調する内容である。

原爆を生み出し、今も核兵器とつながりが深いこの町でも、サダコの物語は語られていた。町の中心にある公立メサ図書館の小学生向け図書コーナーには、エレノア・コアの『サダコと千羽鶴』が何冊も置かれている。カウンターにいた司書の女性が、小学生に最も人気がある本の一つだと教えてくれた。

「特にあの千羽鶴が贈られてきてからは、この本を読む子が増えたわ」

そう言って彼女が指さしたのは、図書館の中央の吹き抜けに吊された、長さ三メートルを超える千羽鶴の束である。核開発の地、しかも公立図書館の一番目立つ場所に、このような大きな千羽鶴が飾られているというのは、何とも不思議な感じがする。だが紛れもなく、ヒロシマの少女サダコはここにも息づいているのだ。

パステルカラーの紙を使って折られた鶴は、一九九一（平成三）年一一月、地元ニューメキシコ州の子どもたちのグループが図書館を訪れ、寄贈したものだ。そのときの様子を報じた地元紙「ロスアラモス・モニター」の記事が図書館に保管されていた。記事によると、グループの名前は「キッズコミティー（子どもの委員会）」。核兵器を生み出したロスアラモスに「子どもの平和の像」を建てる運動を始めた彼らは、このとき土地の提供を求めてロスアラモスを訪問し、図書館に千羽鶴を贈ったのだという。運動にはアルバカーキ、サンタフェ、エスパニョーラ、ホワイトロックなど、州の各地から一〇〇人以上の子どもが参加していた。彼らを代表して鶴を手渡した男の子の写真が紙面に載っている。当時アルバカーキ市の小学校に通っていたデビッド・ロソフ君である。私たちはこの少年たちに会って、彼らの運動の顚末を尋ねることにした。

## 姉妹像の建立へ向けて

私たちがニューメキシコ州で取材を行った九九（平成一一）年六月、デビッド・ロソフ君は一九歳の大学生になっていた。オレゴン州リードカレッジで数学を専攻しているロソフ君だが、このときはちょうど休暇中で、アルバカーキ市の自宅に帰っていた。アルバカーキはニューメキシコ州の中心都市で、人口三三万人。カートランド空軍基地があることで知られ、ロスアラモスからは車で二時間ほどの距離にある。ロソフ君の父親も軍関係の仕事をしている。

漫画『ドラえもん』の英訳本を愛読しているというロソフ君の部屋には、日本の小学生からプレゼントされた千羽鶴が飾られていた。九〇年から九五年まで、「子どもの平和の像」を建てる運動に関わったロソフ君は、仲間と広島を訪れ、地元の子どもたちと交流したこともある。

デビット・ロソフ君。自室には日本の小学生から送られた千羽鶴がかかっている

ロソフ君が学校で『サダコと千羽鶴』を読み、クラスメートと初めて千羽鶴を折ったのは、小学校五年生のときだった。

本を読んで心を動かされました。ほんとうに悲しい話だと思いますが、計り知れないくらいの勇気をもらいました。自分も平和のために行動しようという気持ちにさせてくれたのは『サダコと千羽鶴』のおかげです。日本で子どもたちがサダコの像を作ったという話も大変感動しました。彼らにできたのなら、僕にもできないはずはないと考えました。

（デビッド・ロソフ君）

ちょうど同じころ、市内の別の小学校で、やはり『サダコと千羽鶴』を読んだ児童の間で「原爆の子の像」にならってアメリカにもその姉妹像を作れないかというアイデアが持ち上がっていた。当時三年生だったマット・ロイド君はそこに居合わせた一人である。

シンプルな話だけど目が覚めたような気がしました。戦争はいけないことだ、爆弾はひどいものだって聞かされてはいたけど、この話には戦争や爆弾によって実際に人間がどんな体験をしたか、一生続くようなどんな影響を受けたかが書いてあったんです。サダコが希望を失わずにいた姿に感動しました。そして、サダコの平和への願いを受けてクラスメートが日本に平和像を作り、どのように平和のメッセージを世界中に伝えたのかを知りました。僕らは、自分たちにもできるんじゃないかと話し合いました。（マット・ロイド君）

子どもたちの計画をアドバイザーとしてバックアップしたのは、指人形を使って子どもたちに平和を訴える活動をしていた女性、キャミー・コンドンさんだった。日本に八年間住んだこともあるキャミーさんは、八〇年代の中ごろ『サダコと千羽鶴』を読んだ。のちにニューメキシコ州に引っ越してきて、ここで製造された原爆がサダコの命を奪ったのだと知る。

子どもたちは一人一人が違うのです。大切なのは一人一人が、かけがえがないということ。世界をよくするための贈り物を持っているんです。病気になってしまっても、あるいは死んでしまっても、平和のために、信じることのために、素晴らしいことができるのです。サダコはそう教えてくれました。子どもたちの力を引き出してあげるのが、私の務めなのです。

（キャミー・コンドンさん）

ロソフ君も、クラスの担任がキャミーさんの知り合いだった縁で、「原爆の子の像」の姉妹像を建立する計画に参加することになった。運動が始まったのは九〇（平成二）年の二月。最初は四〇人ほどの小、中、高校生が集まった。月一回、アルバカーキ市内のピザ屋で会合を持つことにし、会の名称を「キッズコミティー」とした。

姉妹像を建てるための資金はどうやって集めるか。どこに、いつごろ建てるのか。像のデザインはどうするのか。ピザを食べながら子どもたちは自由にアイデアを出し合った。キャミーさんたち大人は、子どもたちの自主性を重んじるため、ほとんど発言せず傍で聞いているだけに徹した。ときが経つにつれ、活動に飽きてやめてしまう子どもも出てきたが、それでもメンバーの数は増え、一〇〇人以上にもなった。

話し合いの末、「子どもの平和の像」と名づけた姉妹像を、原爆が最初に作られた地ロスアラモスに建てること、そして原爆投下から五〇年後の九五（平成七）年八月六日に除幕式を行うことを子どもたちは決めた。実現のため、次のような長期計画も作成した。

九〇年　ニューメキシコ州の子どもたちに知らせる
九一年　全米の子どもたちに知らせる
九二年　像のデザインを募集する
九三年　設置場所を決め、像の模型を作る
九四年　像の製作を始める
九五年　八月六日に除幕式を行う

目標に向けて、ロソフ君たちは動き出した。家族や友人などに「一人一ドル」の募金を呼びかける。街に手作りのポスターを貼る。キャンディーやポップコーンを作ってバザーで売る。地元のデザイナーに無償で協力してもらい、オリジナルのTシャツを作る。募金してくれた人の名前をコンピューターに登録することも忘れなかった。ロソフ君たちは、着実に目標に近づいていった。

しかし、「キッズコミティー」の活動は、ロスアラモスの大人たちから強い反発を招くことになる。

## 立ちはだかる大人たち

ロスアラモス郡議会の目の前に、一つの公園がある。人工の池の周囲に芝生がきれいに植えられ、散策する人や木陰で読書をする人、動物の形をしたブロンズのオブジェの上に幼い子どもを乗せて遊ぶ家族連れなどの姿が一日中絶えない。ロスアラモスの町の中心にあり、人々の一番の憩いの場であるこのアシュレーポンド公園を、ロソフ君たちは「子どもの平和の像」を設置する場所の第一候補に選んだ。彼らは土地の提供を求めて、ロスアラモス郡議会に請願する。九一（平成三）年一一月、最初にロスアラモスを訪れたときに持参したのが、今もメサ図書館に飾られているあの大きな千羽鶴である。

一年後の九二（平成四）年一一月、「キッズコミティー」の申し出を受け、議会で最初の公聴会が開かれる。一〇〇人の子どもたちと二四人の保護者、教師などが出席した。そのときの議事録と「キッズコミティー」側が撮影したビデオテープから、何が話し合われたのかを見てみたい。

最初は子どもたちのほうから「子どもの平和の像」を作る目的や会の活動状況などを説明することになった。小学生から高校生まで一五人が、歌を唄ったり、自作の詩を読んだり、折り鶴を披露するなどの子どもらしいパフォーマンスも交えながら、それぞれ役割を分担して発言した。何人かの発言を紹介する（紙幅の関係で、部分的に省略した箇所もある）。

**ジャック・ソーントン（ラクエバ高校）**

私たちはここロスアラモスに平和記念像を建てるという私たちの夢について説明するためにやってきました。

五〇年前の今日、多くの人たちがおぼえているようにマンハッタン計画の指揮官だったレスリー・グローブズ将軍とロバート・オッペンハイマーは、歴史的意味のある最初の原子力研究所の候補地を探すために、ジェミズスプリングに向かって車で移動していました。この峡谷は大変狭かったため、彼らはロスアラモスに決めたのです。

今、このロスアラモスは平和な時代を象徴する町へと変貌しつつあります。今日、私たちは一つのグループとしてお願いに来ました。

公聴会で発言するデビッド・ロソフ君（1992年11月）

**ボニー・マルコム（リオグランデ高校）**

平和プロジェクトでの私の担当は、活動に賛同してくれたすべての子どもたちの名前をコンピューターに打ち込むことです。今年で三年目ですが、今までに世界中から一万一〇〇〇人以上の子どもたちの名前を集めました。私たちは一〇〇万人の名前を集めることを目標にしています。四九州の子どもたちの名前が集まりました。あと一つ残っているのはニューハンプシャー州です。この一万人の子どもたちの応援を得て、像を建設する土地の提供をお願いしに来ました。除幕式は九五年の八月に行う予定です。

**デビッド・ロソフ（フーバー中学校）**

僕は資金面について話します。僕たち「キッズコミティー」は、平和の像を建設するためのお金を集めていますが、これは一九九〇年にアロヨデルオソ小学校の子どもたちが一二ドルのお金を集めて銀行まで平和行進をしたことから始まっています。そのときから今まで、一万一七八ドル七六セントを集めました。そのうち五八四八ドル三七セントは子どもたちからの寄付で、アルバカーキ地域財団に集められています。この資金は実際に像を建設するためのものです。僕たちの活動資金はニューメキシコの教会協議会に預けられています。こちらは全部で四三三〇ドル三九セントになり、各財団からの寄付や、キャンペーンのためのTシャツを作ったりしてお金を集めました。この資金は切手代や印刷代に使っています。

**サリー・バウマン（ロスアラモス・ピノン小学校）**

これは紙で作った鶴です。私たちは毎週金曜日、朝の七時半に学校へ行き、鶴の折り方やほかの折り紙のことを学びます。私たちはまた、平和を支えていくことに関心があります。平和とはどのようなものなのか、クラスの中で話し合っています。

**リンゼー・クーパー（ロスアラモス中学校）**

第二次世界大戦の間、政府は原子爆弾を作るために科学者を集めたグループを秘密に作りました。この爆弾は多くの人たちがその戦争で抱えていた心の悩み、苦痛、苦悩を終わらせましたが、同時にほかの人たちの苦痛、苦悩を生み出す原因になったのです。世界の子どもたちは人々の唯一の希望です。子どもたちは先人の犯した罪を記憶に留めなければなりません。平和な世界に生きなければなりません。

ロスアラモスとニューメキシコはとても素晴らしい場所です。一人の人間として、ここに生まれ育ったことを幸せだと思います。僕はまだこれからも生きていきますが、このような美しい惑星が戦争や憎しみで引き裂かれるようなことは見たくありません。子どもたちによってデザインされた平和の像によって、人々は一つになれるでしょう。苦痛や苦悩でなく、平和に向かってみんなで生きていきましょう。

子どもたちの発言が終わると、ウォレス・ウォルター議長が、傍聴していたロスアラモスの住民たちに自由に発言するよう求めた。大人たちの口からは、子どもたちが予想もしなかった厳しい反対意見が相次いで出された。

**ジョージア・フリッツ女史**

ロスアラモスは「子どもの平和の像」を建てるのにふさわしい場所だとは思いません。このプロジェクトの意図は素晴らしいと思いますが、間違った方向に向かっていると思います。私はロスアラモスに像を建てることに反対です。なぜなら、ロスアラモスの歴史を書きかえる第一歩になりはしないかと恐れるからです。私は、ロスアラモスは大勢の子どもたちを殺した武器を作った場所としてではなく、悲劇的な戦争を終結させるのに大きな役割を果たした場所として歴史に残ってほしいと思います。姉妹像を置くのなら、真珠湾のほうがはるかにふさわしいと思います。

## アル・チャーマッツ氏

私はロスアラモスに住み、研究所に勤めて三四年になります。アメリカの平和を維持するために、ロスアラモスがこれまでやってきたことを私はうれしく思っています。研究所は、常に平和の維持を意図してきたのです。

もし、この像がロスアラモスに建てられ、除幕式の日を広島デーにしなければならないというのなら、像のデザインもそれにふさわしいものにすべきです。パネルに真珠湾の艦隊と、今もアリゾナ号の中に眠っている何千人もの海軍兵の名前を記すべきです。もう一つのパネルには、ニューメキシコの州兵と、兵士が首を斬られたり撃たれたりしている「バターン死の行進」の図を載せるべきです。また、原爆で一〇〇万人以上のアメリカ市民の命が救われたことへの祝辞を入れ、一番上には、当時の司令官ハロルド・アグニューの言葉「彼らには当然の報いだ」を刻むべきです。

## モリー・ポングラッツ氏

私はこの件をジャーナリストのように五つのWで見てみようと思います。すなわち、「誰が」(who)、「何を」(what)、「いつ」(when)、「どこ」(where)、そして「なぜ」(why)です。

「誰が」は外部の人間です。このアイデアがロスアラモスの住民から始まったものならば、状況は違っていたかもしれません。計画がアロヨデルオソ小学校の三年生から出てくるずっと前の一九八〇年代に、私は同じアイデアを耳にしたことがあります。それと、最初にこのプロジェクトを支持した組織は「社会責任を負う者たち」ですね。これは興味深いことです。この組織とロスアラモス郡議会の関係においてね。「社会責任を負う者たち」といえば、八〇年代の初めに核開発の凍結を強く求めたグループですよ。彼らの言う通りにしていたら、我々に今のような平和はなかったんだ。

次に「何を」。それは平和記念碑ですね。でも私はロスアラモス国立研究所こそが、生きた平和記念碑だと考えています。「ロスアラモスから平和を始める」なんて言う人もいますが、ロスアラモスは長い間平和に貢献してきたんです。もう一つ心配なのは、記念碑にどんな言葉が刻まれるかまだ決まっていない点です。たとえば「我々は第二次世界大戦を終了させ、何世代にもわたって平和をもたらしたロスアラモスの業績を誇りに思う」とした場合、受け入れられるのでしょうか？

続いて「いつ」ですが、第二次世界大戦が事実上終結した八月一五日ではなくて、広島に原爆が投下された八月六日に除幕式を行うとは興味深いですね。この点も理解できません。

それから「どこ」ですが、私は広島に相対する場所はロスアラモスではなく、真珠湾だと考えています。そして平和がほんとに必要な場所は私たちの心の中なのです。

最後に「なぜ」ですが、私はこの記念碑にあまり感心できませんね。むしろ、今日の問題に対処するための行動を起こすべきだと考えます。私は一〇〇万ドルを、むしろソマリアの飢えた人たちのために使うべきだと思います。サダコさんのような子どもたちが、今も毎日大勢亡くなっているのです。ここにいる皆さんのような若者が、ソマリアで亡くなっているのです。ですから、前の戦争の記念碑を作るよりは、一〇〇万ドルを世界の飢えている人たちのために使って次の戦争を防ごうではありませんか。

大人たちは「子どもの平和の像」が、核開発によって世界平和に貢献してきたはずのロスアラモスの存在意義を否定し、広島への謝罪を迫るものになることを最も恐れていた。反核運動家のグループが「キッズコミティー」を背後で操っているのでは、と疑う者さえいた。保守派の住民は、もし子どもたちの希望を受け入れて像の除幕式を八月六日に行えば、国内外から反核運動家が集結する口実を与えることにもなると危惧を抱いた。

公聴会の終わり間際になって、ストレッチ・フレットウェル議員が「太平洋に平和が訪れた日に、それを記念するのであれば、像の設置を支持してもよい」という意見を述べた。結局、この修正案が可決され、「子どもの平和の像」の設置を認める代わりに、除幕式を八月六日ではなく、アメリカが太平洋戦争に勝利した日（八月一五日、アメリカ時間一四日）に行わなければならないという条件が付け加えられた。アメリカの勝利を記念する像ならよいという結論である。

「キッズコミティー」のメンバーの多くは、最初大人たちが何を言っているのかわからなかったという。彼らは、こう振り返る。

大人たちは、僕たちがロスアラモスを悪者に仕立て上げて、第二次世界大戦のことを謝罪させようとしていると思っていたんだ。そんなこと、考えてもみなかったのに。まったく幻滅しました。（デビッド・ロソフ君）

傷ついたし、混乱しました。実際訳がわかりません。大人は第二次世界大戦の出来事から立ち直っていないんだと受け取ることにしました。僕らは未来だけを見据えていることをわかってもらいたかったのです。ただ平和な未来が欲しいだけなんです。これは子どもたちの願いです。どうして大人はそれを受け入れられないのでしょう。

（マット・ロイド君）

子どもたちはどうして大人たちが政治的な話を持ち出すのか、自分たちの計画が純粋で美しいものなのに、そして未来への贈り物なのに、なぜ大人たちが怒っているのかわからなかったのです。この町への素晴らしい贈り物になるかもしれないのに、なぜ平和の像が脅威になるのかが理解できなかったのです。（アドバイザー、キャミー・コンドンさん）

## 原爆論争と拒絶

子どもたちは当初の計画を諦めようとはしなかった。ロスアラモス郡議会では一九九四（平成六）年一一月と九五（平成七）年二月に、さらに二度の公聴会が開かれた。ロソフ君は、九四年の公聴会で、「子どもの平和の像」は過去にこだわるのではなく、未来のためのものだと強調するために、こう発言した。

僕たちの像をロスアラモスに建てたいのは、ここが核の時代の発祥の地だからです。ロスアラモスで行われた研究によって世界は変わりました。今日の大人は、明日に生きる子どもたちのためにその力を使って平和な将来を作ろうとしています。僕たちは過去の戦争を将来への教訓とし、世界中が平和な未来を持つことを望んでいます。

だがロソフ君の発言は、このとき議員になっていたモリー・ポングラッツ氏にあっさり切り返されてしまう。

過去のことを振り返らないということであれば、いつ除幕式をやってもいいんじゃないですか。一九九七年の四月でもいいわけだ。過去にはこだわらないのだから。

戦後五〇年を前に、このころロスアラモスだけでなく、アメリカ全土で原爆投下をめぐるかつてない激しい論争が巻き起こっていた。論争の発端は、首都ワシントンのスミソニアン博物館が戦後五〇年に向けて原爆をテーマにした特別展の企画を打ち出したことである。博物館のマーティン・ハーウィット館長らが当初立てた企画では、原爆を投下した空軍機エノラ・ゲイと広島の被爆資料を併せて展示し、原爆投下への決定に至った事情、被爆した人々が体験した苦しみ、一九四五年八月六日と九日が持つ歴史的意味を考えながら、広島と長崎への原爆投下を慎重に公平な判断をもって見直すことをねらいとしていた。

しかし、これに全米退役軍人協会などが猛烈に反発した。彼らの主張は、ロスアラモスの大人たちが「子どもの平和の像」に対して示した反応とよく似ていた。

「原爆は戦争終結を早めた。そのことで一〇〇万人のアメリカ人の命が救われたのだ」

「原爆の被害を言う前に『リメンバー・パールハーバー』だ。日本人こそ、真珠湾を宣戦布告なしに襲ったではないか」

これらが、博物館の企画に反対する人々が用いる典型的な台詞だった。

スミソニアン問題をきっかけに、このような「原爆正当論」が声高に唱えられるようになり、「キッズコミティー」の活動に対する風当たりも強くなっていく。結局、土地の提供を求める請願は、二回目、三回目の公聴会で、いずれも否決されてしまった。ついにロスアラモスは「子どもの平和の像」を完全に拒絶したのである。

当時議長を務めていたラリー・マンさんに取材を申し込んだ。マンさんは「すでに終わった話（デッド・イシュー）」だと、話すのに気乗りがしない様子だったが、「子どもの平和の像」が拒まれた理由について改めてこう語った。

反対していた人々は、平和活動そのものに反対していたわけではないのです。その動機を疑問視していたのです。たとえば、広島の原爆記念日に除幕式をするというのは、平和の訴えというより、政治的な声明のように受け取られるでしょう。

なかには、これでは単に核兵器反対の運動をしているようなものだと言う人もいました。サンタフェに大きな反核団体があるんですよ。子どもたちの後ろにいる人々や資金を出している人々が、ロスアラモスに広島と長崎に謝罪せよ、と言ってるように思えたんですね。ロスアラモスの人は原爆によって戦争が終わり、たくさんの日本人の命も救ったと考えているのです。謝罪する理由がないと感じているんです。

いずれにせよ、あの子どもたちは、とても聡明で誠実でした。大人よりも、もっと子どもの才能を信頼するべきだと思いますね。

## 日の目を見た姉妹像

土地の提供を受けられないまま、「子どもの平和の像」そのものの製作は、コロラド州の芸術家ティム・ジョセフ氏の工房で進められていた。すでに三万ドル以上の募金も集まっている。デザインは公募によって選ばれたテキサス州の高校生の作品がもとになった。地球をかたどった直径三メートル半の球状の鉄枠に、全米の子どもたちが作った蠟《ろう》細工の動植物三〇〇〇個をあしらい、五つの大陸の形にするというものだ。「像」というよりはオブジェと呼んだほうがしっくりいくのかもしれない。

アルバカーキ美術館のジェームズ・ムーア館長のもとに「キッズコミティー」の子どもたちから電話がかかってきたのは、ロスアラモスの公聴会が彼らの請願を拒んだあとである。

彼らは電話で私に面会を求めてきました。三、四人の子どもに会い、彼らのプロジェクトの内容を説明されました。私は子どもたちが電話をし、面会を取り付け、ここにやってくるまでの一連の出来事に大変感銘を受けました。彼らはとてもしっかりしていて、自分たちが何をしたいのかをよく理解していたからです。

彼らはサダコが折れなかった千羽鶴を自分たちで完成させたかったのです。自分たちの手で残りの鶴を折るつもりで、このプロジェクトを全うさせたかったのです。そしてロスアラモスがその舞台に最も適していると考えたのです。革命的なことだったと思います。プロジェクトはもともとアルバカーキで始まったものだったのですが、私はロスアラモスで子どもたちの意見が受け入れられなかったと知りました。子どもたちと話してみると、彼らがこのことでどれだけ働いてきたか、問題について考えてきたか、そして内面を磨いてきたかが理解できました。

（ジェームズ・ムーア館長）

長い間行き先が決まらなかった「子どもの平和の像」は、ムーア館長の計らいで、アルバカーキ美術館の前庭に設置されることになった。当初の計画通り、広島への原爆投下から五〇年後の一九九五（平成七）年八月六日、除幕式が行われた。地球の形をした像の内側には、色とりどりの千羽鶴が吊され、外側にぐるりと巻かれた帯には、こう書かれた。

This is our cry.
This is our prayer.
Peace in the world.
（これはぼくらの叫びです
これは私たちの祈りです
世界に平和をきずくための）

これは広島の平和記念公園に立つ「原爆の子の像」の碑文を英訳したものである。「原爆の子の像」の姉妹像として、全米五万人の子どもたちの募金で作られた「子どもの平和の像」は、五年間の紆余曲折を経てようやくここに日の目を見た。

それから三年後の一九九八（平成一〇）年、「子どもの平和の像」はより多くの人に平和をアピールする目的で、アルバカーキ美術館からニューメキシコ州の古都サンタフェに移された。像が今あるのは、サンタフェの町中にあるキリスト教関係の研修施設「プラザ・レ・ソロナ」の庭である。当初の建設予定地ロスアラモスからの距離は、より近くなった。「キッズコミティー」は解散したが、地元の平和活動家の間で、「像を本来あるべきロスアラモスに移そう」という運動も起こりつつあるようだ。

今日もニューメキシコの眩しい日差しと乾いた空気の中、「子どもの平和の像」は静かにたたずんでいる。決して数は多くないが、子どもたちが作った像には今も折り鶴が絶えない。冷戦が終結してもなお、臨界前核実験を続けるアメリカで、サダコと折り鶴は平和を訴え続けている。

# 9

# 民族紛争の中のサダコ

クロアチアのオボニャン難民キャンプから
送られてきた鶴

## 難民施設から届いた手紙

広島には今も毎年、世界各地から折り鶴が届いている。平和記念資料館の統計によれば、記録を取り始めた一九八九（平成元）年度が六か国二九件、その後は国の数も件数もともに年々増え続け、戦後五〇年となる一九九五（平成七）年度は一四か国一〇九件とピークに達した。注目すべきは、国や地域の多様性である。アメリカ、オーストラリア、ヨーロッパなどの英語圏をはじめとして、近年は、東南アジアや中東、南米、そして旧東欧諸国からも鶴が送られてくるようになっている。

平和への祈りと願いが込められた折り鶴が毎年、広島に届けられているということは、裏を返せばいまだ世界に平和で安寧な日々が訪れていない、あるいは世界のどこかで不幸に見舞われている人々がいるということにほかならない。冷戦終結後の今も、世界には民族紛争や内戦といった悲劇が続き、無数の「サダコ」が生み出されているのである。

世界各地の悲劇の現場でサダコがどのように受け入れられていったのか。私たちはサダコストーリーの広がりを取材するため、広島に鶴を送ってきた人物に可能な限り、連絡をとることを試みた。手がかりとなったのは、折り鶴といっしょに同封されてきた手紙やメモである。平和記念資料館では、こうした文書を保存し三年ごとに記録を更新している。私たちは、残された手紙やメモのすべてに目を通した。総数は数百件に及んだ。

その中で私たちの目にとまったのは、ある一通の手紙だった。一九九六（平成八）年の六月、戦火を逃れた難民の子どもたちから届いたものだった。差出人は、旧ユーゴスラビアのクロアチアの難民施設に暮らす七人の子どもたちである。本文は次のようなものだった。

親愛なる皆さま、私たちはクロアチアのオボニャン難民キャンプで暮らしています。あなた方が折り鶴を集めていると聞き、その一助になればと私たちがキャンプの幼稚園やワークショップで作った鶴を送ります。

エナ、エルナ、ハキヤ、ハジム、ケモ、サミール、セルディャーナ

資料館に、彼らが送ってきた鶴を職員が「原爆の子の像」に供えたときに撮影した写真が残っていた。そこに写っていたのは折り紙の鶴ではなく、紙を切り抜いて色づけした鶴だった。クロアチアには日本で一般にいう鶴は生息していない。おそらく子どもたちが、本か写真で見た日本の鶴の形をまねて作ったのだろう。日本人の目には、鶴というより、鴨かあひるを連想させる不格好なものだが、ユニークなのはその一羽一羽に子どもたち一人一人の名前が記されていることだった。それぞれ個性的な筆跡で書かれた名前。私たちには子どもたちの願いが込められているように感じられた。

旧ユーゴスラビアは、この数年内戦で戦闘と虐殺が繰り返されてきた地である。私たちが取

材に入った年にもコソボでアルバニア系の住民とセルビア人との間で大規模な衝突が起こっている。混乱のおさまらない地で、鶴を送ってきた子どもたちはその後どうしているのか。なぜ広島に鶴を送ってきたのか。私たちは、手紙に書かれた手がかりをもとに子どもたちを訪ねることにした。

子どもたちが暮らすクロアチアは、ヨーロッパ東部のバルカン半島に位置する人口およそ四八〇万人の国である。国土の南側は地中海につながるアドリア海をはさんでイタリアと接し、北は東欧のハンガリーと国境を接している。日本ではまだ馴染みが薄いが、一九九八（平成一〇）年に開催されたサッカーのワールドカップ・フランス大会では日本とも対戦、最終的には三位に入賞し、大旋風を巻き起こした国である。その後、三浦知良選手が移籍した先としてサッカーファンに知られるようになった。共産圏に属していた旧ユーゴスラビアから独立して九年。クロアチアは今、先進国の仲間入りを目指し、豊富な観光資源を柱に経済資本の整備を急ピッチで進めている。

私たちが最初に訪ねたのは、手紙に書かれていたオボニャン難民キャンプだった。オボニャンはアドリア海に浮かぶ周囲四キロほどの小さな島である。対岸の町シベニクから定期船に乗っておよそ三〇分。温暖な五月の島は、一面を黄色いエニシダにおおわれていた。

かつて無人島だったこの島に難民キャンプが作られたのは、一九九一（平成三）年のクロアチア内戦が始まって間もなくである。その後、ボスニアでも内戦が始まり、一九九六年には最大の五〇〇〇人あまりの難民や避難民がこの島で生活していた。しかし現在、島に残る難民の数はわずかに二〇人。残念ながら子どもたちの姿はなかった。ほとんどが、ドイツやスウェーデンなどのヨーロッパ諸国やアメリカ、カナダ、オーストラリアなど第三国へ移り住んでいったという。島で私たちを出迎えてくれたのは、難民キャンプの所長のマスラッツさんである。マスラッツさんは手紙に書かれた七人の子どもたちのうち、二人の名前をおぼえていた。

クラーク家のハジムとハキヤのことはよくおぼえています。二人は活発でいたずら好きの姉弟でした。母親は子ども思いのとても生活力のある女性で、心臓病を患っていた父親に代わり、支給された援助物資を町でほかの食品や現金に換えて、家族の生活を支えていました。一番年上の姉は町の小学校に通わせてもらっていましたが、学校一番の成績でした。

一家は九二年にボスニアから逃れてきた。両親と四人の子どもの六人でテントを割り当てられ、ほかの難民たちと集団生活を送っていたが、戦後ノイローゼ気味だった父親は間もなく病死。島内の学校が閉鎖される九七年まで五年間を過ごした。その後クラーク一家がどこに移り住んでいったか、マスラッツさんにもわからない。

島にはかつて難民たちが使用したテントやベッドが野天に放置されたままになっていた。それにしてもおびただしい数である。ここで暮らしていた人たちの息づかいが今にも聞こえてきそうな気がした。マスラッツさんが、島の中央に残る学校跡の建物に案内してくれた。敷地に並ぶバンガロー風の煉瓦作りの建物。ここには小学校一年生から八年生までの八〇人あまりの子どもが通っていた。運動場、教室、読書室……、すべて当時のままである。ハジム君とハキヤ君が学んだ低学年のクラスには、一〇脚ほどの机の上に絵本や文房具が乱雑に積み重ねてあった。広島に送られてきた鶴もおそらくこの教室で作られたのだろうが、マスラッツさんには確かな記憶がなかった。

子どもたちが広島のことをボランティアから教わったのか、それともすでに別の人から聞いていたのか私にはわかりません。しかし、当時キャンプで生活する誰もが平和を待ち望んでいました。彼らにとって平和とはわが家へ帰れることを意味していたからです。子どもたちは平和が何であるのかとてもよく知っています。心に戦争のトラウマを深く抱えた子どもたちが送った鶴には、きっとそうした平和への強い願いが込められていたのだと思います。

教室の壁に子どもたちが描いた絵が貼られたままになっていた。見るとそのいずれもに「PEACE（平和）」の文字が書かれていた。クラーク一家の子どもたちは、今ごろどんな思いで生活しているのだろうか。私たちはまだ見ぬ子どもたちの姿に思いを馳せた。

## クラーク一家の流転

オボニャンをあとにした私たちは、クロアチア北部の町、ヴァラジュディンに向かっていた。マスラッツ所長の記憶で明らかになった母親の名前をもとに政府の難民対策本部に照会したところ、クラーク一家の所在がわかったのである。オボニャンから直線距離にして二五〇キロ。一家は新たな難民収容施設に移り住んでいた。

ヴァラジュディンは人口五万、クロアチアの首都ザグレブから車で一時間半北上したところにある。ハンガリーとの国境はもうすぐだ。町の歴史は古く、一二世紀のクロアチア・ハンガリー王国の文献にすでにその名前が登場する。一時期ここに首都が置かれたこともある古都である。

目指す難民収容施設は、町なかにあった。塀で囲まれた堅牢な四階建ての建物は、老朽化して使わなくなった兵舎を利用したものである。ここに隣国のボスニアから逃れてきたおよそ四〇〇人が生活している。夫婦や子どもがいる家庭は一家族一部屋ずつあてがわれ、単身者は相部屋である。洗い場やトイレ、シャワーは共同で使用している。電気や水道などの光熱費はすべて無料、食事は一日三回食堂で支給される。

こうした経費は、すべてクロアチア政府が国民から徴収した戦争税（War Tax）で賄っている。実数は定かではないが、クロアチア国内には難民や避難民などおよそ一〇万人が生活して

クラークさん一家。テーブルに飾られていた家族の写真

いるといわれている。ここヴァラジュディンの収容施設は国内でも最大級の施設である。鶴を送ってきたクラーク一家の子どもたちは、三階の一部屋に暮らしていた。

「ドーバルダン！（こんにちは）」

日本から訪ねた私たちに即座に子どもたちの笑顔が返ってきた。四人姉弟の長女のハジマさんは一三歳。町の小学校に通い、今は七年生だ。サッカーの得意な長男のハジム君と次男のハキヤ君はそれぞれ一一歳と一〇歳。父親ゆずりの勝ち気な性格の持ち主である。末っ子のハリーダさんは今年六歳の誕生日を迎えた。そして、一家の暮らしを一人で支えているのが母親のフェリーダさん。大柄な体躯で子どもたちを遠慮なく叱りとばす姿は肝っ玉母さんそのものである。

一家が暮らす一二畳ほどの広さの室内には、テレビや冷蔵庫などの家電製品や衣類が所狭しと並んでいた。いずれも外国からの救援物資である。部屋の中央には食卓と子どもたちの勉強机を兼ねたテーブルが置かれ、家族の写真が飾られていた。

「今の暮らしに感謝していますが、満足はしていません」。暮らし向きを尋ねた私たちにフェリーダさんは、こう語った。「ボスニアを離れて八年になりますが、故郷の町を思わない日は一日もありません。早くこの状況から抜け出して子どもたちを自分の家に住まわせ育てていきたいのです」。

難民収容施設の住人たちは、ほかの民族に故郷を追われたり、家を破壊されたりして戦後数年経った今でも、いまだに戻ることができない人たちばかりである。ムスリム（イスラム教徒）のクラーク一家はボスニア中部の町ヤイツエ近郊の村で、牛や羊、にわとりを育て、とうもろこしを栽培する農家だった。一家六人から平穏な暮らしを突然奪ったのが、内戦の勃発だった。明け方、武装したセルビア人が村に侵入し、家財を奪い家を焼き払った。一家は着の身着のまま村を離れた。末っ子のハリーダさんが一歳四か月、一番上のハジマさんが六歳のときだった。

「七つの国境、六つの共和国、五つの民族、四つの言語、三つの宗教、二つの文字、一つの国家」。旧ユーゴスラビアを形容する際にたびたび用いられた言葉である。この複雑に入り交じった構成を連邦国家として一つに束ねていたのが初代大統領のチトーだった。

しかし、一九八〇（昭和五五）年にチトー大統領が八七歳で亡くなると、それまで国内で抑えられていた民族問題が一挙に持ち上がってきた。加えて深刻な経済危機にも見舞われた。連邦共和国中で経済先進地域のスロベニアとクロアチアが一九九一（平成三）年六月に独立を宣言すると、武装したセルビア人勢力との間で紛争が起こった。九二（平成四）年一月には停戦が成立し、国連軍の活動により紛争はいったんおさまったが、同年三月、ボスニア・ヘルツェゴビナが独立を宣言すると、紛争は本格化した。

当時ボスニア・ヘルツェゴビナ国内は、旧ユーゴへの残留を主張するセルビア人と、独立を

ハジマ・クラークさん

目指すムスリム（イスラム教徒）、クロアチア人とがいっしょに生活していた。異なる民族同士の結婚も珍しくなく、都市部では三民族の血が何代にもわたって混ざり合ってきた。民族が分かれて戦うことは、すなわち「隣人殺し」、「兄弟殺し」を意味していた。

紛争が始まると、三民族がそれぞれ領域の拡大を目指して「民族浄化（エスニック・クレンジング）」が行われた。支配を確かなものにするために、敵対するほかの民族を虐殺、陵辱したり追い出すやり方である。

三つどもえの戦争は、ECや国連によるたびたびの和平案の提示にも合意に至ることはなかった。紛争にようやく決着がついたのは、一九九五（平成七）年一二月にNATOの軍事力を背景にしたアメリカの仲介で和平協定が結ばれてからのことである。ボスニア・ヘルツェゴビナは、和平協定に基づき、セルビア人勢力のスルプスカ共和国とクロアチア人、ムスリムが占めるボスニア連邦に二分され、現在に至っている。

三年あまりにわたるこの泥沼の戦いで、ボスニア・ヘルツェゴビナは総人口の半数を超える三〇〇万人もの難民と国内避難民を出し、二〇万人を超えるおびただしい犠牲者が出た。首都のサラエボでは、死者が市内の墓地からあふれ出し、かつてのサッカー場にまで墓地が新たに作られるほどだった。

クラーク一家は、故郷の村を離れて以後八年間を、隣国クロアチアの難民施設を転々としながら生きてきた。ヴァラジュディンが三か所目の移住先となる。部屋は一面、映画俳優や歌手のポスターでおおわれている。引っ越してきたときには色が塗られ穴だらけだった壁を隠そうと長女のハジマさんが貼ったものである。

ボスニアを離れてからは引っ越しばかり。一か所から別の場所へ移ったら、また別の場所へ。引っ越しのたびに荷造りをするのは嫌だった。今はなるべく自分の部屋を好きになろうと努めてるの。そのためにもできるだけ部屋をきれいに見せたいのよ。これでも以前よりはマシになったのよ。

ハジマさんが恥ずかしげに答えた。

## 生きる希望を綴る

四年前、難民キャンプの子どもたちから広島に鶴といっしょに届いた手紙には、長男のハジムと次男のハキヤ、二人の名前があった。鶴を送ってきた二人には、将来について共通の夢があった。

「プロのゴールキーパーか自動車整備工になりたい。お金をたくさん稼いだら、壊れた自分たちの家を建て直せるし、お母さんを楽にしてあげられるから」

一家がボスニアに残してきた家は、今も破壊されたままである。難民施設で政府や海外からの援助物資に頼る生活では現金収入がなく、いつ家を建て直せるか、まったくめどが立たない。故郷に家を建てて家族で住みたいという母親の願いをハジム君とハキヤ君の兄弟も敏感に感じ取ったのだろう。二人は、自分たちが作った鶴に、願いの実現を託したのである。

それにしても子どもたちがどうやってサダコや広島のことを知ったのか。答えは意外なところにあった。旧ユーゴでは、内戦が始まる前からカール・ブルックナーの『サダコは生きたい』が小学校の国語の必修読本に指定されていたのである。国が分裂したあともクロアチアで文部省が引き続きこの本を必修としたのは、「この本が原爆や戦争による悲劇を伝えているだけでなく、読む者に反戦の意志を抱かせるのに適している」という理由からだった。クロアチア国内すべての小学校でサダコの物語は読まれている。

クロアチアの義務教育は八年間。日本でいう小学校は八年生までである。クラーク家の四人の子どもたちも、政府の難民支援策の一つとして公費で公立の小学校に通っている。学校では、七年生の国語の授業で『サダコは生きたい』を読ませているほか、世界史の授業で第二次世界大戦を教えるときにも、広島の原爆の惨状を伝える教材として使っているという。

学校の図書室にもサダコの本が置かれていた。しかも全部で二七冊ある。図書室の蔵書としては聖書に次いで多い数だ。国語を担当する教師に理由を聞くと、「一〇年前から置いていますが、生徒に大変な人気があります。これでも足りないくらいです」という返事が返ってきた。

クラーク家の長女のハジマさんは、クロアチアでサダコの物語と出会った。初めて『サダコは生きたい』を読んだときの感想文は次のようなものである。

広島の原爆では無実の人々が亡くなりました。本にはたった手のひら一杯のお米を求めて何とか生き延びようと苦労した人たちの姿が書かれていました。サダコの物語はとても悲しい物語です。しかし、サダコが生きるために死と闘ったように、私もこれから闘っていかないといけません。何かを失ってしまったとしてもそんなのは関係ありません。何より大切なのは生きる希望を持ち続けることです。

難民施設に暮らす人たちの生活は、制約が多い。政府の援助や海外からの救援物資で衣食住は足りるが、現金収入がまったくない。クラーク家のように、子どもを学校に通わせている家族や将来故郷に戻ってからの生活資金として貯蓄を考えている家族には、経済的にも先行きが見えない状態となっている。難民は労働を禁止されている。違反すれば難民の資格を剝奪され政府からの援助は停止する。そこで、多くの難民たちは闇でアルバイトをしたり、市場での商売を始めた。男性の多くは日雇いで壁塗りや土木作業などに出かけ、女性は市場で物々交換や、あまった生活品の販売を行っているのである。

クラーク家の母親フェリーダさんも、難民施設で支給された缶詰やチーズを食べずに、近くの市場で売っている。支給されても着ない衣類や使わない整髪料なども商品になる。四人の子どもたちの学校の給食代や遠足の費用、ノートや鉛筆などの学用品、そしてお小遣いはすべてこのお金で賄ってきた。

フェリーダさんは広島に送るための鶴を作っていた子どもたちを見て、必ず故郷のボスニアに家を建てようと決意したという。家の新築に必要な費用は日本円でおよそ三〇〇万円。難民生活の続く一家には厳しい数字だが、フェリーダさんは「必ず何とかする」と意気込んでいる。

長女のハジマさんは、母親の家事を手伝いながら小学校に通っている。放課後、母親が市場で商売をしている間の弟や妹たちの身のまわりの世話や部屋の掃除、洗濯はハジマさんの仕事である。将来、病気や傷ついた人々を助ける看護婦になるために勉強を続けたいと考えている。

サダコが白血病に倒れたのは一二歳。一三歳のハジマさんとは一つ違いだ。サダコの短い人生を同世代のハジマさんはどう感じたのだろうか。

私は与えられた人生を命いっぱい生きたい。サダコもきっと同じだったと思います。私は一〇年後には、きっとお母さんや弟たちといっしょに自分たちの家で生活していたい。そのためにもこれからの人生を頑張って生きていきたいと思います。

ハジマさんは来年の二〇〇一年、小学校を卒業する。卒業後は働きながら看護の専門学校へ進学する予定だ。「頑張って生きていきたい」と語った彼女の声がいつまでも耳に残った。

# 10
# サダコの鶴は民族を越えて飛ぶ

アデレード英語学校の授業風景（オーストラリア）

## サダコは今も生きていた

世界中でサダコの名前がいったいどれぐらい知られているのか。1章でも記したとおり、インターネットを使った検索という地道な作業を続けていたときに、私たちは偶然にも、そして幸運にも、非常に印象深い一つのホームページにたどり着くことができた。'PAPER CRANES'という表題でオーストラリアに住む一人の女性が綴った文章が掲載されていた。彼女の文章を紹介していたのは、オーストラリアのキャンベラを拠点に「一〇〇万羽運動」を展開していた「サウザンド・クレーンズ・ピース・ネットワーク」のマーク・ビューツさんである。以下が、その文章の抜粋である。

ボスニア戦争が激しく続いていました。人々は祖国を遠く離れていき、余波は世界中に広がりました。地球上の新天地に避難するために、祖国を逃げていくとき、目にし心に焼きついた、口では表すことのできない恐怖が彼らの心の奥深くに存在していました。そのような状況だった一九九二年のある春の日、南オーストラリアにある語学センターの教室のドアが開き、生徒たちが列になって静かに入ってきました。無邪気な子たちではありませんでした。彼らの目は、英語を話せないこと以上の何かを語っていたのです。一七歳の少年たちは小さすぎる机に向かって腰かけましたが、不平は言いませんでした。左右にはアジア、ロシア、東ヨーロッパ、エチオピア、南米の子どもたちがいました。セルビアとボスニアの子どもたちは整然と感情を交えずに学習をしていたのですが、離れたままでした。私は彼らに近づくことができませんでした。彼らの苦しみがあまりにも大きかったからです。

さっそく、掲載主のマークさんに問い合わせたところ、このストーリーを書いた女性は、オーストラリアのアデレードにある語学学校で英語教師を務めるジャニス・シェファードさんだとわかった。ボスニア紛争で国を追われ、オーストラリアという新しい土地に難民や移民として移り住んできた子どもたちが、英語の勉強をするため彼女の学校に入学してきたときの出来事を書いたものらしいという。しかし、マークさんはジャニスさん本人とは面識がなく、たまたまその文章を手に入れただけだった。

折しも今回の取材を始めていたころ、同じバルカン半島周辺でコソボ紛争が進行していたし、そのほかにも民族紛争が世界各地で頻発していた時期だった。紛争が起こるたびにそれに翻弄される罪もない人たちが何十万人、何百万人という規模で生み出されていただけに、私たちの関心は自然に、命からがらオーストラリアに逃れた「小さき民たち」のストーリーへと向かった。ジャニスさんの文章は次のように続いていた。

私は、必死に傷ついた子どもたちの恐怖と折り合いをつけようとしました。彼らが癒されることを望みました。彼らは地獄のような所から逃げてきたほんの一握りの幸運な人たちでした。彼らは希望を必要としていたのです。

そしてある日のことです。教材にしていた『サダコと千羽鶴』を読んだあと、一人のベトナム人の少年が青色の鶴を折ったのです。彼は注意深く一本の釣り糸にそれを通し天井からぶら下げました。翌日は三羽に増えていました。それからもだんだん増えていきました。

私たちはこうしたやり方で希望を取り戻すすべを知ったのです。すぐにでも壊れそうな希望でしたが、そこにはもう宗教の違いや過去へのこだわりはありませんでした。

サダコの鶴が時空を超えて、オーストラリアで生きていた。確かに五五年前のヒロシマで起きた出来事と今の時代の出来事とでは背景に違いがあるだろう。しかし、偶然に見つけたこのホームページには、サダコの折り鶴が戦争によって人生を打ち砕かれた人々にどのような影響を与えたのか、それを知る大きな手がかりとなると私たちは直感した。民族や文化の違いを越えて、サダコの物語には人類の普遍的なメッセージを訴える何かがあるに違いないという思いを強くしたのである。

## 移民国家オーストラリア

『サダコと千羽鶴』を教材にして、オーストラリアで移民や難民に英語を教えているというジャニス・シェファード。彼女はいったい、どのような人物なのか。そして当時アデレードではいったい何が起きていたのか。一九九九（平成一一）年三月、私たちはアデレードに旅立った。

南半球にあるオーストラリアは広大な国土を持ちながらも人口はわずか一九〇〇万人。カンガルーやコアラでお馴染みの自然が豊かでとても美しい国である。そのオーストラリアの南部を占める南オーストラリア州には全人口の八％が居住している。アデレードはその州都である。私たちが訪ねた三月、四月は秋も真っ最中。暑くもなく寒くもないとても過ごしやすい日々が続いていた。

取材を進めていたある日のことである。ふだんは静かで平穏そのもののアデレードが何やら異様な緊張感に包まれていた。市の中心部を通る目抜き通りを見慣れぬ民族衣装をまとった何百人という集団がデモ行進を行っていたのである。参加者たちは口々にこう叫んでいた。

「コソボは我々のものだ！」

「NATOは人殺しだ！」

一九九九年春、北半球のヨーロッパ・バルカン半島ではコソボ紛争が最終局面を迎えていた。ユーゴスラビアのミロシェビッチ大統領率いるセルビア人勢力がコソボに進攻し、アルバニア

セルビア人による祖国空爆抗議デモ（1999年、アデレード）

人に対して大量虐殺などの重大な人権侵害を繰り返しているとして、アメリカ軍とNATO軍が空爆を展開しようとしていた時期だった。結局、再三にわたる和平交渉も決裂し、ついにNATO軍が空爆という形でセルビア人勢力に攻撃を加えたのである。

アデレードでのデモは、オーストラリアに住むセルビア人の移民と難民が、アメリカとNATOの攻撃に対する抗議のために行ったものだった。地球の反対側に移民してきた彼らであるが、祖国に対する誇りと忠誠を示すとともに、まだ国に残されている親戚縁者への思いを込めて練り歩いたのであろう。

オーストラリアは移民国家である。古くは先住民のアボリジニの土地を、イギリスからやってきたアングロ・サクソン系が奪い取ることで、今の国家の原形ができた。その後、「白豪主義」を唱えていたことはあまりにも有名である。しかし近年、オーストラリア連邦政府は、年間一万人あまりの難民受け入れを表明し、近隣のアジア諸国からはもちろんのこと、ヨーロッパの紛争地帯からの難民も積極的に受け入れるなど、移民国家を目指す政策を取り始めている。

九〇年代初めは、ボスニア紛争のために多くのセルビア人、クロアチア人、ムスリムが移り住んだ。その結果、一九九一（平成三）年から九八（平成一〇）年にかけて、およそ三万人が旧ユーゴスラビアから難民として入国した。九七（平成九）年度は全体の難民が一万四六七人。そのうち約半数の五一七五人が旧ユーゴスラビアからである。

遠い国にやってきたからこそ、出身民族への帰属意識が根強いのであろうか。オーストラリアでも、ユーゴスラビアという枠組みではなく、セルビア人（セルビア正教）、クロアチア人（カトリック）、ムスリム（イスラム教）、それぞれが「クラブ」と呼ばれる独自のグループを作り、仲間であることを確認し合っている。アデレードで遭遇した反アメリカ、反NATOのデモは、まさにセルビア人の「クラブ」が主体となって行われたものだった。

ジャニス・シェファード先生が書いたストーリーに話を戻そう。祖国で味わったつらい思い出を胸に、命からがらオーストラリアにたどり着き、英語の手ほどきを受ける子どもたち。しかし、小さな教室での英語の授業は、民族の分け隔てなく、全員いっしょに行われる。なぜ祖国でむごい殺戮があったのか、十分な理解もできないまま机を並べる敵対民族の子どもたち。ジャニス先生はその何ともいえない澱んだ空気を感じ取っていたに違いない。

## シェファード先生との出会い

アデレードの中心部から車でおよそ二〇分。比較的閑静な住宅が軒を連ね、多くの移民や難民が居を構えている地区にアデレード英語学校はある。二階建ての校舎、アスファルトで舗装されたバスケットボールのコート、そして日本の学校では考えられないほどの広大なグラウンド。一見すると普通の公立学校に見えるが、そこで英語を学ぶのは一二歳から一八歳までのボスニア人、クロアチア人、ベトナム人、インドネシア人、イラン人、イラク人など、二〇か国あまりから移民や難民としてやってきた生徒たちである。全校生徒は一九二人（九九年三月現在）。三〇人の教師とスタッフが指導にあたっている。こうした英語学校はオーストラリア政府が実施している「New Arrival Program」（ニュー・アライバル・プログラム）と呼ばれる政策に基づいて運営されていて、移民や難民などは一年間無料で英語教育を受けることができる。教師たちが休み時間にコーヒーブレイクを楽しむ部屋がある。私たちはジャニス・シェファード先生とその場所で待ち合わせた。すーっと部屋の扉が開き、一人の中年女性が軽やかな足取りで中に入ってきた。

「ようこそアデレード英語学校へ！」

だんご状に後ろで束ねた黒い髪、まっすぐで温かい眼差し、打ちひしがれた心を包み込んでくれそうな恰幅《かっぷく》のいい体格。五八歳という年齢を感じさせないほどのエネルギーが体中からあふれていた。

さっそく、インターネットで見つけた先生の文章に興味を持ったことを告げた。するとジャニス先生は、あの文章は二年前に作った文集の一部で、文集は子どもたちが折り鶴に対する思いや空想を自由に作文にしたり、詩にしたりしたもので構成されていたこと、そして自分が担当した章は七年前に実際に起こったさまざまな出来事を再構成して読みやすいものにした、ということを説明してくれた。ジャニス先生はまるで堰《せき》を切ったように続けた。

七年前、私が担当していたクラスはとても大変でした。クラスの多くがボスニア人とセルビア人で、戦争が始まったばかりのころに初めてオーストラリアにやってきた子どもたちばかりでした。男子生徒の中には一七歳、一八歳で、実際に戦争に参加した子もいました。彼らはみんな落ち着きがなく脅えていました。そんなクラスのために何か役に立つ本はないかと図書館であれこれ探したところ、エレノア・コアが著した『サダコと千羽鶴』と出会ったのです。

初めてこの本を教材として使ったとき、子どもたちの反応は静かでした。彼らの英語のレベルは低く、果たして内容を理解できているのかどうかわからなかったので、彼らに読ませるのではなく私自身が読んで聞かせてあげるという方法を取ったのです。でも読んであげても、彼らは感情を表しませんでした。みんないったい何を考えているのだろうと不思議に思いました。

でも彼らは本当に賢い子どもたちでした。それがのちになってわかったのです。あの文集にも書きましたが、ある男の子が折り鶴を折り始めたのをきっかけに、ほかの子どもたちも折り始め、次第にみんながいろいろなことを話し合うようになっていったのです。私はみんなで何かを築き上げているという実感を持ちました。そしてその通りだったのです。クラスの結束力は日に日に強いものになっていったのです。

ジャニス先生は七年前、初めて『サダコと千羽鶴』を使った授業を昨日のことのように思い出しながら教えてくれた。戦争という異常な状況の中で、心も体もボロボロになってしまった子どもたちが、どれほどサダコの物語で勇気づけられたのか、当時の感動を力強く語ってくれた。

## ジャニス先生の授業

ジャニス先生は今も『サダコと千羽鶴』を教材にして授業を続けている。私たちは、その授業の風景を覗かせてもらうことにした。校舎の階段を上がって二階に差しかかったところで、教室からジャニス先生の大きな声が聞こえてきた。サダコの本の朗読をしているところだった。

……平和公園の入り口では人々は列になって静かに記念館に入って行きました。中の壁には廃墟の町で死んだ人や死にかけた人を撮った写真が架けてあります。原子爆弾、思いもかけない閃光が広島を不毛の地に変えてしまいました。

サダコはその恐ろしい写真を見るのが嫌いだったので、チズコの手をぎゅっと握り締めて急いで通り抜けていきました……。

小さな教室で二〇人ほどの子どもたちがサダコの授業を受けていた。ボスニアから来た生徒、フィリピンから来た生徒、そしてジャニス先生の膝にはイラクから来た女の子が抱かれながら朗読を聞いていた。学び始めたばかりの英語で内容を必死になって理解しようと、一人一人の目はきらきらと輝きに満ちている。

……サダコは天井から吊り下げられた何百もの折り鶴を眺めました。眺めていると、秋のそよ風が鶴たちをゆらし、かささと音をたてました。鶴たちはまるで生きているかのように開け放たれた窓から飛び出していきました。飛んでいく鶴たちのなんときれいなことでしょう……。

**先生** 彼女は永遠になったのよ。なぜだと思う？
**生徒** サダコは物語の中で生きて、今もこうして僕たちの間で生きています。
**先生** そう、サダコは永遠の命の持ち主なの。彼女の願いはかない、言葉は永遠に受け継がれるの。

吸い込まれるような独特の語り口、そして子どもたちのつぶらな眼を捕らえて離さないまっすぐな視線。平和とは何か、戦争とは何か、自由とは何か、死とは何か、生き続けることとは何か、愛とは何か、希望とは何か。たたみかけるように問いかけるジャニス先生、そして必死に考えて何とか答えを見つけようとする子どもたち。私たちはジャニス先生の授業の迫力に完全に圧倒されてしまった。授業が終わるころには、教室は完全な静寂に包まれ、ついにジャニス先生の瞳から一筋の涙が流れ出た。

なぜ、サダコの物語はこれほどまでに先生と子どもたちの心を捕らえるのか。

ジャニス・シェファードさん

みんな戦争で最も恐れているのは死ぬことなのです。戦争中でなくても、これはみんなが恐れていることです。しかし、サダコの本には死を超えた「希望」というものがありました。死をはるかに超えた「希望」です。私は、子どもたちにサダコの物語を読んで聞かせて、折り鶴をいっしょに作ることで「希望」を与えたかったのです。教室の中であろうと外であろうと、とにかく彼らが人生において何か信じられるものを与えたかったのです。遠い国からやってきても、「希望」が持てて明るくなれる何かを与えたかったのです。宗教、政治、過去、未来以外で彼らが頼れるものです。そうすれば、いつか世界が平和になると信じることができるはずですし、そのことはきっとサダコも望んでいたはずです。

話をしながら、ジャニス先生の目頭が赤くなり再び大粒の涙がこぼれようとしていた。

## ズラタン君とアルディン君

休み時間になると、柔らかい秋の日差しを受けながらバスケットコートで男の子たちがボール遊びに興じていた。一方、女の子たちは校庭の至る所に散って何人かのグループを作っておしゃべりに花を咲かせていた。英語学校の特注のユニフォーム、紺色のセーターを羽織っている姿が愛らしかった。

ジャニス先生が校庭に現れると、大勢の子どもたちが駆け寄ってくる。授業中に感じたあの緊張感とは打って変わり、リラックスした友だち同士の関係に見える。その様子からもジャニス先生の人気ぶりがうかがえた。それぞれの子どもたちが世界中のさまざまな国からやってきたのだろうが、見た目ではどこからやってきたのかを知ることはできない。とにかく、一見みんな仲良く遊んでいるように見える。しかし、なかにはつらい思い出を背負いながら必死に毎日を送っている子どもたちもたくさんいるという。いったい、子どもたちは祖国でどのような体験をしてきているのだろうか。

私たちはこの学校で学ぶ子どもたちや、卒業したジャニス先生の教え子たちのインタビュー取材を試みることにした。しかし、ジャニス先生によれば取材はそれほど簡単にはいかないとのことだった。大半が保護者の了解を必要とする未成年のため、まず両親に説明し許可を受ける必要があること、そして祖国で想像を絶するような体験をしているだけに、それを思い出させることについては慎重に進める必要があること、また、なかには家族や親戚が祖国にまだ残っているケースもあり、取材に応じることで万が一、家族らの身に危険の迫ることがあってはならないこと、などが理由だった。

ボスニア紛争は終わったとはいえ、つい七年前の出来事だし、コソボ紛争にいたっては進行中の出来事だった。それだけに民族間の憎しみはまだ完全に癒えたわけではないというのがジャニス先生の見方だった。ジャニス先生の懸念を十分理解したうえで、慎重に取材を進めることにした。

ズラタン君（右）とアルディン君

バスケット・コートの一角にあるベンチで仲良さそうに腰かけている二人の少年がいた。ヘッドホンステレオのイヤホーンを片方ずつ分けた状態で耳につけて音楽を聴いていた。奇妙な格好にも見えたが、屋外で同じ曲をいっしょに楽しむためにはそうした方法を取るしかないのだろう。

「あそこにいるのは、ズラタン君とアルディン君よ」

ジャニス先生はその二人を指さしてそっと教えてくれた。セルビア人のズラタン・ドキッチ君（一六）とムスリムのアルディン・ユスフォヴィッチ君（一六）。ジャニス先生にとって、この二人には特別の思いがあった。七年前のあのクラスでの出来事。初めて『サダコと千羽鶴』

を使った授業を始めたとき、どんどん心を開いていったあの子どもたちの懐かしい姿を思い出させてくれるのがズラタン君とアルディン君だという。

学校から車で一五分ほどのところにズラタン君の家があった。平屋建ての家の玄関前には駐車スペースもあり、日本の住宅事情を考えるとかなり立派なものだった。ドアをノックするとズラタン君とお父さんのズラトゥコさん、お母さんのアナさん、そして妹さんの四人が出迎えてくれた。珍しい客だったためか、予想以上の大歓迎だった。部屋に招かれ、セルビアのコーヒーやお菓子が振る舞われた。ズラタン君のお父さんは取材を快く承諾はしてくれたものの、絶対に家族の身に危険が及ぶようなことがないよう十分に配慮してほしいと厳しく釘を刺した。

ズラタン君のお父さんはセルビア人で、お母さんはクロアチア人。ボスニア紛争が勃発した当初、クロアチア側に住んでいた一家は九二（平成四）年一月七日、セルビア正教のクリスマスイブにあたる晩に自宅をプラスチック爆弾で破壊されたのだという。「セルビア人は出て行け」というクロアチア人の仕業だった。お母さんのアナさんは、自分はクロアチア人だというのに夫がセルビア人だというだけでそのような仕打ちを受けたことに大きな衝撃と怒りを覚えたという。ズラタン君の両親が取材を承諾すると同時に報道に配慮するよう釘を刺したのも、そうした恐怖の体験があったからだった。

ズラタン君の一家は、爆破事件で命は助かったものの身の危険を感じたため、クロアチア側からセルビア側に逃れた。お父さんは紛争が始まる前までは建設資材の在庫管理の仕事をしていたが、セルビア側に移ることによって仕事を失った。そのため、一家の財産だった自家用車を売り払ってお金を作り、細々と生計を立てるしかなかった。その後六年間、セルビア領内を九か所も転々とし、最終的にオーストラリアに移住することになった。一九九八（平成一〇）年五月のことである。

まだ小学校から中学校の時期だったズラタン君は、当時の出来事を静かに語った。

僕にはクロアチア人とセルビア人の両方の友だちがいたんだ。まだ戦争が始まったばかりのころはそれまでと何の変わりもなくいっしょに遊んだり、通学したりしていたんだ。でも、そのうちみんなの態度が変わっていった。僕はいじめに遭うようになったんだ。友だちのお母さんも僕がセルビア系だというだけで家に入れてくれなかった。僕としては、今までと同じようにいっしょに遊びたかったんだけど、みんなは僕を避けていった。つらかった。

そしてセルビアに移ってからも厳しい生活で、三か月後にはおじいさんが癌で亡くなったんだ。そのうち戒厳令が敷かれたため、国外に逃れることもできず、ひどい状況が続いたんだ。店には食べ物がほとんどなく、家族みんなでなんとか生き延びていくので精一杯だった。

ズラタン君にとって一番ショックを受けたのは、紛争が始まる前まで仲良しだった友だちが、突然態度を変えて口すらきいてくれなくなったことだ。人間が豹変したことで、いったい誰を信じていいのかわからなくなったという。同じことをズラタン君のお母さんも話していた。紛争が始まるまでは、民族や宗教の違いこそあれ、それほどお互いに意識することはなかった。ところが、親戚の結婚式にまで駆けつけてくれたほど親しく付き合っていた知人たちが、ある日を境に突然態度を豹変させていったというのだ。死への恐怖、人間不信、生活苦、将来への絶望感。彼らは藁《わら》にもすがる思いで、オーストラリア行きを決意したのだった。

オーストラリアに来てからは、ズラタン君の一家はオーストラリア政府の援助で生活している。将来、職を得て暮らしていけるようにと家族四人が英語教育プログラムにのっとって勉強を続けていた。しかし、お父さんにとって、これから家族を養っていけるだけの職を得ることができるのか不安は尽きないという。

ズラタン君のアデレード英語学校での生活は複雑な思いの中で始まった。さまざまな国からの友だちといっしょに机を並べて勉強することは覚悟していたが、同じ教室には敵として戦ったクロアチア人の生徒たちもいた。かつて自分の大事な家を爆破した憎むべき人たちだった。鼻の下にうっすらと髭を蓄え、ちょっと大人びて見えるズラタン君。しかしまだ一六歳という多感な時期だけに、誰とも交流することができず、一人ぼっちで勉強するしかなかった。

ズラタン君がアデレード英語学校での生活をスタートさせてから三か月後、一人のムスリムの少年が入学してきた。アルディン君だった。アルディン君は両親とお姉さんの四人家族。ボスニア紛争が始まるまで、お父さんはバスの運転手として、お母さんは靴の工場で働いていた。何の不自由もない豊かな生活だったという。

しかし、一九九二（平成四）年三月、一家はボスニアを離れてドイツに渡ることになった。アルディン君のおじいさんが、紛争が激しくなることを予感して、旅行者を装ってドイツに逃れるよう助言したのである。一家と親戚は三台の車に分乗して国を離れた。三台のうち一台は途中の検問で捕まり、ドイツまでたどり着くことはできなかったが、アルディン君の家族は何とかドイツ入りを果たした。戦火がボスニアのアルディン君一家が住んでいた町を襲ったのは、それから三か月後のことだった。一家はドイツで六年間暮らしたあと、一九九八（平成一〇）年、オーストラリアへの移民許可がおり、アデレードに移り住んだ。

新入生としてクラスにやってきたアルディン君を、ズラタン君は遠巻きに観察していた。互いに争い戦った敵対民族の出身だったからである。一方のアルディン君はクラスでたった一人のムスリム。完全に孤立していた。しかし、毎日寂しそうに勉強していたアルディン君を見て、ズラタン君は次第に気にするようになった。アルディン君とクラスのセルビア人の男の子の様子が変だということに気づいたからだ。

　自分のクラスにアルディン君が入学してきて、彼は同じクラスのセルビア人の奴らにいじめられていたんだ。僕もセルビア系だけど、僕はそんなことには加担したくなかった。

そんな日々を送っていたとき、ズラタン君は初めてジャニス先生の『サダコと千羽鶴』の授業に臨んだ。そしてサダコと折り鶴の物語を読んでいくうちに、自分の心の中が次第に変化していくのに気づいたという。
ジャニス先生の授業でサダコの物語を読んで、みんなといっしょに折り鶴を折り始めるうちに自分の気持ちが変わっていくのがわかったんだ。アルディン君との関係について深く考えるようになったんだ。何だか、いつか彼と話し合える日がくるような気がした。つまり、過去のことはどうでもいいと思うようになったんだ。今そして将来に対して、きちんと向き合わなければならないと考えるようになった。僕がアルディン君の友だちになってあげたい、という気持ちになったんだ。

ズラタン君はアルディン君に近づく決心をして少しずつ話を始めるようになった。次第にお互いの理解が深まり、どんどん仲良しになり、今では大の親友の関係にまで発展していった。二人の仲を取り持ったのはサダコだった。
アルディン君もまた、サダコと折り鶴の物語に感銘を受けていた。アルディン君はこう話した。

ズラタンは僕の大事な親友になったんだ。僕たちの祖国でお互いに分かれて戦ったなんていうことは、僕たちには関係ないと思うようになった。僕たちは同じ人間同士なんだ、そんなに違いがあるはずがないと。僕がムスリムであることをズラタンは全然気にしていないし、ズラタンがセルビア人だということを僕も全然気にしていない。戦争があったなんてまるでウソのようだ。

サダコの物語は、敵を憎む気持ちを取り除いてくれたんだ。サダコと同じように頑張れば、きっと道は開けると信じることができたんだ。将来を信じることができた。そして、サダコが友だちに恵まれたことを羨ましく思い、友だちがいかに大事かも教えてくれたんだ。

ズラタン君はサダコについて次のように話してくれた。

サダコは常に前向きになって「希望」を捨てずに生きようとしていた。そのことを知ったことで、僕は本当に救われた。サダコが僕を救ってくれたんだ。僕は相手がどこの国の人間だろうと気にしない。とにかく、世界が元の通りに戻ってほしい。みんなと友だちになりたい。そしてみんながお互いに尊敬し合える世の中になってほしいんだ。サダコは、きっとそんなことが言いたかったのではないかと思う。

## サダコに響いた子どもたち

ジャニス・シェファード先生の教え子たちの中で、サダコの物語に感動し影響を受けたのはズラタン君やアルディン君だけではない。さらにボスニア出身の生徒のインタビューを綴ることにしたい。
カタリナ・ユーリッチさんは一六歳。両親と妹と四人で暮らしていたが、九歳のときにボスニア紛争が勃発。父は戦火が町に及ぶ前に母と彼女と妹をクロアチアに避難させた。その後二年間も父と離れ離れの生活を強いられる。クロアチアでは恐怖に脅える毎日だったという。住居を転々としたのち、九八年にオーストラリアに移り住んだ。アデレード英語学校で学ぶ現役の生徒で、将来、女優になることを夢見ている。

当時は本当に戦争一色でした。毎晩、死んだ子どもや赤ちゃんの映像がテレビで放映されていました。母や妹が無事でいるか、いつも心配していました。とにかく、私は子ども時代の大事な七年間を失いました。新しいことを始めようと思っても、もう遅すぎるのではないかと思うことがしばしばでした。悲しくなるのは、いつも戦争のせいです。子どもだった私はあまりにも無力でした。私はサダコと同じ年のころ、あまりの恐怖のために何も信じることができなかった。でも、サダコは違う。彼女は自分が死ぬことを知りながらも最後まで諦めずに頑張った。その勇気に本当に感動しました。私もサダコのようになりたい。サダコは生きようと最後まで頑張った。人生をかけて、次の世代のためにも、折り鶴を折ることで生きることの大切さを訴えたのです。

エンバー・ベイティッチ君は二三歳。一五歳のときに紛争が始まり、旅行者を装って家族とともに国から脱出した。マケドニア、トルコ、デンマークと次々に移り住み、九三年、オーストラリアに移住した。学校を卒業した現在は、ヘアー・ドレッサーとして働いている。将来は、婚約者といっしょに美容院を経営し、できればさまざまなほかのビジネスも手がけることを目標にしている。

ジャニス先生の授業では、折り鶴を折ったときに目を閉じていろいろなことを想像したものでした。僕の場合は、自分の頭の中で折り鶴になって、ボスニア上空を飛んでいることを想像しました。そして、祖国に残された親戚や友だちが全員無事であることを確認するのです。私の体は実際にはここにあるのですが、私の精神は祖国に戻ることができたのです。そして、皆の無事を確認すると気持ちがとても楽になりました。サダコの折り鶴は、僕を幸せの国に連れていってくれたのです。そして、サダコは僕に生きるための目標を持つことが大事だと教えてくれました。

彼女は折り鶴を作るという目標を立てて、それを生きがいにして頑張りました。僕も目標を立てて生きるようにしました。

ファリス・ガディッチ君は一八歳。運悪く自宅のすぐそばには通信用の中継アンテナが建てられていたため、爆撃の標的となったが、九死に一生を得た。店に買い物に行っても、民族や宗教が違うだけで何も売ってくれないというつらい目に何度も遭い、身の危険も感じた。祖国に失望した両親とファリス君の三人は、クロアチアに逃れたあと、幾多の困難を乗り越えて、九三（平成五）年にオーストラリア移住を果たした。

僕とサダコには共通点があると思います。それは幼い時代に戦争というひどい目に遭ったことです。当時、あの教室に座っていたとき、天井に吊されていた折り鶴を見つめていると、とても気持ちが落ち着きました。サダコと鶴の物語を退屈だと思う人なんて一人もいないと思います。

サダコは、挑戦しなければ、達成できるものもできなくなると考えていたのだと思います。サダコは決心して何かを成し遂げようとしていた。病気であっても挑戦を続け、それによってどのぐらい時間がかかるのかとか、結果が出るのかどうかとか関係なく、とにかく挑戦し続けた。折り鶴を千羽折ることはできなかったけれども、結果的に彼女が期待していた以上のことを達成することができたのです。あの物語に出会えて本当によかったです。

アシム・クリビッチ君は二二歳。一九九二（平成四）年の夏、アシム君のお父さんは突然セルビア人の警察に連行されて署内で三日間、拷問を受けながら取り調べを受けた。何らかの容疑をでっち上げられて一か月後に再び連行され、今度は収容所に送られた。そこでも拷問を受け、今でもその後遺症がお父さんを苦しめている。アシム君は、異常な事態になっている祖国から脱出を図ろうとして、真冬の凍てつくような冷たい川を泳ぎながらクロアチア側に渡った。ぎりぎりの賭けだった。脱出は辛うじてうまくいき、翌九三年にオーストラリアにたどり着くことができた。英語学校を卒業して、今、アシム君はシニア・カレッジで観光業の勉強をしている。

一日の終わりに折り鶴を見ると、それが実際の「命」、生きている鳥に思えました。魂が宿っていて、その魂が自分たちを助けてくれ、前へ前へと押し進めてくれるような感じがしたのです。サダコと折り鶴の物語は過去のつらい思い出を忘れさせてくれ、僕を前向きに突き動かしてくれたのです。実際には、みんながみんなそれぞれつらい過去を持っているのだろうけれども、もしサダコの物語に出会わなかったら、一番つらいのは自分なんだと思い込んでいたかもしれません。つらいのはみんな同じなのだ、そしてそれが戦争なのだと教えてくれたのです。

ネダ・ミトリッチさんはセルビア人の父とクロアチア人の母を持つ一九歳である。ボスニアに住んでいたが、両親の出身民族が異なっていたため、紛争中はさまざまなつらい思いをした。クロアチアに逃げたあと、九三年にオーストラリアに渡った。一四歳のときだった。英語学校を卒業したあとは、アデレード大学で化学の勉強を積んでいる。荒廃してしまった祖国では夢のまた夢だったきちんとした教育の機会を得ることができたと、今、彼女は充実したキャンパスライフを満喫している。

サダコは鶴を折ることで逆境と闘っていたのです。彼女の生きる姿勢を見ると、私たちの目の前にいかに難しい状況があろうとも、将来、必ず奇跡が起きることもあるのだと信じることができたのです。サダコも奇跡を信じて生き続けたのです。最終的には病気はよくならないだろうと思いながらも、あんなにも希望を持ち続け、奇跡を信じていたことに本当に感動しました。私には、今、何に対しても自信を持ってチャレンジする勇気があります。頑張れば絶対にうまくいくと信じることができるようになりました。

ネダ・ミトリッチさん

インタビューに応じてくれた一人一人の子どもたちが、誠実に答えてくれたことに心から感動した。彼らに共通していたことは、紛争前まで友だちだった人が、ある日突然豹変していくことへの衝撃を何よりも感じていたことだ。なぜ戦争が起こっているのか理解できないし、子どもの力ではどうすることもできないという無力感にやりきれない気持ちを抱いていた。その話をするとき、カメラの前といえどもはばからずに涙を流す子どもも少なくなかった。子どもにとっては理不尽きわまりない戦争。白血病で亡くなったサダコ自身もこのことを痛切に感じていたに違いない。

そして、ジャニス先生の授業で『サダコと千羽鶴』を読み、いっしょに折り鶴を折った経験が少なからず彼らのその後の人生に影響を与えていたことも間違いないと確信できた。いったい、物語の何が心に響いたのか。一言で言えば「生きること」の尊さと素晴らしさなのではないだろうか。

ジャニス先生たちがかつて作った文集を見ても、「生きる」という題名が数多く載せられている。前述のネダ・ミトリッチさんが文集に載せた文章の一部を紹介して、この章を締めくくりたい。題名は「生きる」。自分が折り鶴になってクラスメートたちの祖国を飛び回るという夢を綴っている。

私は千羽鶴の一羽です。ベトナムの上空を飛んでいます。貧しい人がいるのに誰も気にかけません。なんて悲しいんでしょう。エチオピア、ロシア、ルーマニア。そして私の故郷ボスニアにやってきました。家族で過ごした幸せな日々が見えます。かつては楽しかった場所なのに今は荒れ果てています。私はこの家が再び楽しい場所に戻るのを願って、鶴のまま永遠に故郷の家に住み続けます。

サダコと折り鶴の物語は、民族や文化の違いを乗り越えて確実に広がっていた。

四五年前、大きな不条理をその小さな体に受け、死んでいった広島の一人の少女、佐々木禎子。禎子はサダコへと姿を変え、「折り鶴のサダコ」、そして「ヒロシマのサダコ」として世界中の人々の心の中で永遠に生き続けていくことを強く予感させた。

# 11

# ヒロシマ・世紀を越えて

「原爆の子の像」碑文

## 禎子の同級生は今

原爆症に倒れたヒロシマの一人の少女が、生きたいと願って鶴を折り始めてから四〇年以上の歳月が流れた。佐々木禎子を世の中に知らしめる最初のきっかけを作った幟町小学校六年竹組の同級生たちは、その後どのような日々を送ってきたのだろうか。

運動会のリレーで竹組が優勝したとき、トップランナーを務めた佐々木（旧姓・根占）宏子さんは、今、広島市内の総合健康センターで、被爆者検診の受付事務の仕事をしている。戦後、家族とともに広島に移り住んだ宏子さんは、小さいころは原爆についてほとんど何も知らなかったという。

禎子さんのことがなければ、私は原爆そのものを理解できてなかったんじゃないかと思います。禎子さんによって、原爆のことを教えてもらいましたから。今、被爆者の方と接する仕事をしていて思うのは、子どもや親を亡くされて孤独に生きている方がたくさんいらっしゃるんですよね。そういう方を見ると、やっぱり戦争っていうのはね、残酷なものだなって思いますよ。孤老の方なんか、もっともっと手を差し伸べてあげたいなと思うことがあります。原爆がなければ、皆と楽しく人生を送れたのに、自分一人生き残って、ずっとつらい思いを背負って生きてこられたんだなと思います。大変な苦労をされてきた、大変な目に遭われたってことが、禎子さんのことがあったから、よくわかる気がします。

宏子さんは、この歳月、機会あるごとに平和記念公園の「原爆の子の像」に立ち寄り、禎子に話すつもりで少女の像に語りかけてきた。

昔あの近くにあった公会堂とか、催しに出かけたときは、必ずそこを通って帰るという感じですねえ。あの辺に行けば、少し遠回りでも、禎子さんに会って帰ろうかなと。通るたびに、今度高校に入ったよとか、就職したよとか、結婚したよ、子ども産んだんだよとか、話しかけるんです。子どもを連れて行ったときは、これうちの子だよ、とか。節目節目っていうのかしら。いつも自分のことを話してましたよねえ。見ててね、という感じで。禎子さんに、私といっしょに年をとってもらってるような気持ちでいたのかもしれません。

六年竹組「団結の会」の会長を務めた地後暢彦さんは、家業の文具店を継ぎ、今はオフィス用品を扱う有限会社の社長として活躍している。被爆者である地後さんは、佐々木宏子さんとは対照的なのだが、つい数年前までは、仕事で平和記念公園の近くを通ることがあっても、「原爆の子の像」にはできる限り近づかないようにしていたという。3章で詳しく述べた通り、像の建立運動を始めた当時、まだ中学生だった地後さんには、自分たちが始めたはずの運動が、あとからできた「広島平和をきずく児童・生徒の会」、または実質的に運動を展開していった大人たちによって取り上げられてしまったという思いばかりが残り、長い間わだかまっていた。

皆さんでやられて、大きな運動になって、僕らもときどき引っ張り出されて、街頭へ立って寄付の運動をしたり、何でやらにゃあいけんのやという思いが子ども心にしとったと。もうこの運動は僕らから離れとるじゃないか。あんたたちやりなさいや。僕らもう、しょっぱなやったから、それでいいじゃないかという思いがあったんですなあ。だから「原爆の子の像」が(昭和)三三年でしたかねえ、五月五日に建って、記念式典やって、僕はそのときに、やれ終わったと。ホッとしたと。で、こんなもん、わしが建てたもんじゃないし、わしは小さい墓でよかったのにとかねえ。まあ、素晴らしいものだったんだけど。これでこの運動から解放される、サッカーに集中できるとか、ホッとしたというか、あまりうれしくなかったんです。

その後、地後さんは東京の大学に進学した。サッカー部に入部し、青春を謳歌していた地後さんに、今も忘れられない出来事が起こる。

二〇歳くらいのときですよ。ガールフレンドができて、お付き合いしてて、お家へ招かれていって、彼女のお母さんが「地後さんは広島ですってねえ」と。「はい」と答えると、「原爆受けてるの?」と言われてねえ。「受けてますよ」と僕は威張って言いよったですがねえ、元気だったから。でもそしたら、そのお母さんが、お嬢さんに「地後さんとはお付き合いやめなさい」と。これは原爆病がいつ出るかわからんよという心配でね、拒否されたことがあったですよ。

昭和三〇年代、被爆者運動や原水爆禁止運動が盛んになり、それまで日の目を見なかった被爆者への社会的関心が高まった一方で、誤解や偏見も広がっていた。地後さんのような体験をした被爆者は少なくないと聞く。被爆という事実を、いやが上にも我が身に引き受けて生きていかねばならないことを、このとき地後さんは実感した。

やがて、地後さんも子どもを持つ身となる。娘の中学の教科書に、サダコの物語が出ているのを知り、驚くこともあった。そして、五〇歳を過ぎたころ、長年「原爆の子の像」を避けていた地後さんの心境に大きな変化が訪れる。

やっぱりその、親になって、子どもを育ててみて、この年になってきたら、だんだんそういうものから逃げちゃあいけないかなという気持ちになってきました。どういうんですかねえ、「原爆の子の像」から逃げるということが、佐々木禎子から逃げることになるんじゃないかとかね、いろんな思いがするわけですよ。

やっぱり僕の思いは、一回しか見舞いに行けなくて悪かったという思いを背負ってきているというかね。佐々木禎子は友だちじゃないか。あれだけリレーの練習して、一所懸命やって、最初ドベのチームが秋には一番になったじゃないかという、そういう懐かしい思い出とかね。像に背を向けることは、そういう禎子まで忘れてしまうんじゃないかと。

まあ六〇過ぎて、暇ができたら、あそこへ立って、語り部いうんですか、説明員をしてもいいんじゃないかと。平和公園の中の全部はわからんけど、「原爆の子の像」については、しっかり説明できますよ、という気持ちになってます。


現在も、地後さんや佐々木宏子さん、川野登美子さんたちをはじめとする広島在住の六年竹組「団結の会」メンバーは、お互い日常的に交流があり、機会あるごとに顔を合わせ、お酒を飲む気のおけない仲間たちである。友の死に涙し、心を一つに立ち上がった級友たちが育んだ友情は、今も変わらない。

## 広島で再び語られるサダコ

被爆から半世紀あまり、世界に核兵器のない平和を訴え続けてきた広島で、世紀の変わり目を迎えた今、改めてサダコストーリーを見直そうという動きが始まっている。

前広島市長の平岡敬氏は、市長在任中の一九九六（平成八）年に出版した岩波新書『希望のヒロシマ』の中で、ヒロシマを世界そして後世へ伝えていく（「ヒロシマの世界化と継承」）ことの意味を考察し、その文脈でサダコストーリーを次のように評価している。

ヒロシマとは、原民喜がいう「パット剝ギトッテシマッタ　アトノセカイ」（『夏の花』）のことだけではない。それは原爆を発明して戦争で使ってしまった二十世紀の人類の悲劇を表わすことばであり、〃原爆以後の人間〃がいかに生きてきたかを伝えるメッセージでもあり、また自らの悲惨を人類の課題におきかえて平和を訴えつづける人々の存在そのものであり、人類の希望の象徴でもある。

このようなヒロシマの世界化と継承は、被爆資料の展示と並んで、音楽、美術、演劇、映像、文芸といった芸術文化のかたちをとることが最も目的を達成するのに適した方法ではないかと、私は思っている。そのことをよく示しているのが、サダコの物語である。

〃原爆〃に関しては、これまでも多くの本が出版されただけではなく、美術、音楽、バレエ、映画などがつくられてきたが、サダコのような典型を生み出すことが体験の継承を確かなものにしていくに違いない。そして、〃原爆〃の人類史にもつ意味は重いゆえに、芸術が人類の記憶を伝えていく役割をになっているのである。

（平岡敬『希望のヒロシマ』岩波新書より）

振り返ってみれば、広島ではサダコの物語はあまりに有名になりすぎたために、一般市民の感覚としては、逆にもう新鮮味のない、四十数年前の昔話としてしか、とらえられていなかったきらいがある。また、小・中学校の平和学習等では、題材として頻繁に取り上げられてきたものの、教育関係者の中にはその形骸化を指摘する声もある。つまり、かわいそうな少女の物語を聞いてクラスで千羽鶴を折れば、それだけで何かを達成した気分になってしまい、事柄の本質的理解にまで至らないというわけだ。

「ヒロシマの世界化と継承」という大きなテーマと向き合う今の広島にとって、サダコストーリーに改めてスポットを当て、その意味するものを問い直す作業は、これからである。

すでに広島市と原爆資料館では、二〇〇一（平成一三）年度に「サダコ展」を実施する計画を立て、現在ゆかりの品々の収集など準備を進めている。このほど、父親の佐々木繁夫さんの協力で、生前禎子が折った五羽の小さな鶴が、病床に飾っていたこけしの置き物とともに新たに寄贈された。親戚の家で、長年形見として保管されていたものだという。また、「サダコ展」に合わせ、観世流の若手能楽師・梅若晋矢氏を中心に、サダコを題材にした新作能を創り、広島で上演する計画も出ている。

佐々木禎子の母校・幟町中学校では、数年前から生徒が主体となって、「この世界に平和を！」委員会（略称・平和委員会）を組織し、サダコを原点とした平和への取り組みを自発的に行っている。一九九八（平成一〇）年にインドとパキスタンが核実験を行った際には、自分たちで書いたオリジナル作品『サダコの物語』をバングラデシュ人留学生の協力でベンガル語に翻訳し、インドの中学生たちに届けて核兵器廃絶を訴えた。

一九九九（平成一一）年度には、自分たちで募金活動を行って、学校の敷地内に新しく「折り鶴の碑」を建立することにした。「原爆の子の像」をはじめ、広島市内のさまざまな原爆関連の碑に供えられた千羽鶴は、一定期間が過ぎると市が焼却処分する。広島に住む者として、せめて鶴を折った世界中の人々の気持ちを確かに受け取ったという証を形にしたい。生徒たちのそんな思いで、この碑は作られた。「折り鶴の碑」の除幕式は二〇〇〇（平成一二）年の三月二五日に行われ、禎子の父・繁夫さんやかつての同級生たちも列席した。

佐々木繁夫さんの姿は、その前日、原爆資料館地下のメモリアルホールで開かれた「平和文化セミナー」（財団法人・広島平和文化センター主催）の壇上にもあった。

2章で触れた通り、禎子が白血病に倒れたころ、繁夫さんが知人の借金の保証人になったのがもとで、佐々木家は経済的な苦境に追い込まれていた。禎子が亡くなったあとも、広島市内を転々としながら家業の理髪店を続けていたのだが、生活は思うようにいかなかった。「原爆の子の像」のモデルとして禎子が有名になったことは、遺族にとっては当時あまりよいことではなかった。来る日も来る日もマスコミの取材に追われたことで、繁夫さんは心労が重なり、体調を崩したこともあった。心ない人から「原爆で死んだのは、お宅の子どもだけじゃない」と嫌みを言われる。「佐々木家はモデル料をもらっている」という根も葉もない噂が流れ、借金の取り立てが厳しくなる。失意のどん底におかれた繁夫さんは、禎子の死の五年後、家族とともに広島を離れ、親戚を頼って福岡に移り住んだのだった。

その繁夫さんが広島の聴衆の前で初めて、娘・禎子の思い出を語ることになったのである。セミナーは、禎子の同級生・川野登美子さん、幟町中学校「平和委員会」委員長の吉岡亮さんとの座談会形式で行われた。八〇代半ばに差しかかった繁夫さんは、ときに涙を浮かべながら、生きたいとひたすら願っていた娘の姿を証言し、「禎子の思いは親の自分でも言い尽くせない。しかし、若い世代の力で平和な世界を築いてもらうためにも、これからも語り続けたい」と結んだ。

## 未来へ紡ぎ出される無数の物語

広島の被爆者の平均年齢は、ほぼ七〇歳。原爆の惨禍を体験した人々の姿が、平和公園から消える日も、そう遠くはない。

二一世紀に向けて、広島と長崎あわせて約九万件の被爆体験記をデータベース化し、後世に遺そうという取り組みが行われている。平和記念公園の敷地内では、これらの被爆者の記録を収める新しい平和祈念館の建設が進められている。サダコと同じ被爆という運命を背負い、生き抜いてきた人々の膨大な数の物語がここに集積されることになる。ちなみに、被爆体験記を募集するために、広島市が作成したポスターには、「しまってはおけない記憶がある。しまってはいけない記憶もある。」というキャッチフレーズとともに、原稿用紙で折られた一羽の折り鶴が登場している。

全国の被爆者の間で、自分史を書き残そうという動きも出ている。毎月発行されている「自分史つうしんヒバクシャ」という同人誌が、その中心になっている。約二〇〇人の会員が、被爆体験だけでなく、原爆の後障害や心の不安、社会的偏見と向き合いながらも前向きに生き抜いてきたそれぞれの人生の歩みを書き綴ろうとしている。

サダコと折り鶴の物語は、原爆の惨禍から立ち上がった広島の人々、わけても若者たちによって語られ始めた。今、逆境の中で生き抜く世界中の人々が、サダコ物語によって勇気づけられ、無数の鶴を折り続けている。そして、「原爆の子の像」のもとに世界中から絶えることなく送られてくる折り鶴は、絶望から出発し、苦悩の歳月を歩んできた広島の人々を励まし、力づけてきた。二〇世紀後半という時代のうねりの中で、ヒロシマと世界は、いわば折り鶴を通して互いにエールを交換し続けてきたのだ。

絶望から希望へ。

被爆者の物語は、今、世紀を越えて、未来へと語り継がれる。

# あとがき

サダコの長い物語は終わった。あなたが今最後のページをめくったこの本の記述は確かに終わった。しかし、あなたはもう気がついているに違いない。サダコの真実はいまだ進行中であり、さらに増殖中であるということを……。

本章で書ききれなかったサダコの物語を二つ紹介しておきたい。

一九六〇年代の初め、旧ソビエト連邦でサダコが大々的に紹介された。共産党機関紙プラウダの学校向け新聞ピヨネルスカ・プラウダに、「原爆の子の像」とサダコの話が載ったのである。核実験場を抱えるカザフスタンでは、その記事とともに核開発の必要性があわせて強調された。サダコを殺したアメリカはひどい国だ、祖国を守るために対抗しなければならない、というわけである。そこではサダコの物語は、アメリカをはじめとする資本主義国家を批判し、核兵器を持つことの正当性を主張するために利用されたのである。

旧ソ連の核実験場があったセミパラチンスクでは、一九四九年八月のソ連初の核実験以来、八九年一〇月に閉鎖されるまで四〇年にわたって四六四回の実験が繰り返された。その結果、いま残留放射能が市民の人体に大きな影響を残していることが明らかになってきている。皮肉にも五〇年の歳月の中で、核実験場は姿を消し、放射線によって傷つき病んだ人々が残された。

そして一方、サダコの物語は今もカザフスタンの小中学校で教えられている。その目的は、かつてのような反米プロパガンダではない。放射能汚染の恐怖にさらされている市民たちが、核兵器が人類にとっていかに恐ろしいものであるかを訴えるための物語として、語り継いでいるのである。セミパラチンスクでは、初めて核実験が行われた八月二九日に、毎年、市民が折り鶴を折り、平和を祈りつつ鶴を川に流す行事が行われているという。

もうひとつ、モンゴルの草原に唄い継がれている「ヒロシマの少女の折り鶴」という歌について触れておきたい。日本で活躍しているモンゴル出身の歌手オユンナさんは、コンサートのとき必ずといっていいほどこの歌を唄う。生まれたときにはすでにモンゴル国民の愛唱歌になっており、自然に覚え、子どものころからよく唄っていたという。一九九九年八月、広島で開かれた「世界音楽祭　オーガスト・イン・ヒロシマ'99　グランドコンサート〝TOGETHER〟」に出演したオユンナさんは、三五〇〇人の市民を前にこの「ヒロシマの少女の折り鶴」を熱唱した。オユンナさんは、この歌はいつも原語のモンゴル語で唄う。

「病気になった少女が鶴を折った／折れば折るほど病気がなおると信じて／折り鶴は飛び立ち人々にメッセージを伝えた／元気で生きること／戦争のない静かな暮らしはみんなの幸せ／一〇回目の春／原爆や戦争に反対した少女は天国に行った／少女は祈りの像として生まれ変わり／少女の夢が刻まれた／この苦しみは私で最後になるように／折り鶴よ早く伝えておくれ……」（簡約）

背景のスクリーンに佐々木禎子さんの微笑みが大写しになり、彼女が折った鶴が舞う。

実はこの歌は、一九七七年の夏、モンゴルにやってきた日本人留学生からサダコの物語を聞いたヤオホラン・インへという詩人が作詞し、軍楽隊に所属していた歌手ダリザフ・ダッシニャムが作曲したものだった。当時、社会主義政権だったモンゴル。七九年の政治平和音楽祭に出品されたサダコの歌はグランプリを獲った。そして、社会主義思想を鍛える少年団組織ピオニールの活動などで盛んに唄われるようになり、国民的愛唱歌に成長していったのだった。ここでもサダコは、初めはアメリカを批判し社会主義を鼓舞する道具として使われたのである。しかし、歌はモンゴルの草原に流れ、風に応えて哀しく響きわたる。決して豊かではないこの国の人たちの祈りと、サダコの祈りが重なったのであろう。その後、民主主義の国に生まれ変わったモンゴルで、ピオニールはなくなったが、サダコの歌はより広くより力強くモンゴルの人々によって唄い継がれている。

それにしても、サダコの物語がかくも世界に広く、人々の心に深く受け入れられているとは！　「子どもの平和の像」をロスアラモスに建てようとした子どもたちの、あの堂々とした意見をもう一度読み返してほしい。難民の子どもたちの、あのサダコへの熱い共感、確かな連帯をもう一度読み返していただきたい。そのとき、彼我の国の子どもたちの想像力、生命力の大きな違いを思わずにはいられない。テレビがまた事件を報じる。岡山県で高校三年生が、自分に対するイヤガラセが激しかった野球部の後輩数人をバットで殴り、自分の母親をも撲殺してしまったという。逆境のなかで育まれる他人への深い理解、そして愛。一方、飽食と奢《おご》りに満ちたこの国の子どもたちの心の中の荒涼たる闇。ちょっと待ってくれ！　この国は、わが国こそ「サダコの国」のはずなのだが……。

「生きていることの意味・醍醐味」は大いに喜び、怒り、泣き、笑う感情のほとばしる体験そのものにあるといわれる。すがすがしい喜怒哀楽を感じることができるとき、人は「良く生きている」といえるのだとすれば、いま確かにこの国には健康な喜怒哀楽が不足している。いや、欠落している。二〇世紀が後方へ走り去り、次なる時代の新たな指針、哲学が模索されているとすれば、その重要なひとつが「サダコ」という価値観、生きる姿勢なのではないかと私には思える。いま佐々木禎子のこの国に、「サダコ」が逆輸入されなければならないのではなかろうか。

生きとし生けるもののすべては、宇宙の塵の中から偶然と必然の戯れによって生まれた。そしてまた私たちすべては、その闇の中へと還ってゆく。もはや、サダコはそういった時空にたたずんで私たちに微笑んでいるように思える。導いてくれているように思える。縁あって、たまさか一瞬のこの時この地を共有して懸命に生きている仲間同士が、なぜに殺し合わねばならないのか？　不条理を身に受けた小さき心と体で運命と闘い、生き通し、そして去っていった佐々木禎子。しかし今、彼女は同時代を生きるすべての良心によって蘇《よみがえ》り、私たちを映し出す大きな鏡をこちらに向けて、ＳＡＤＡＫＯ（サダコ）となって勇気と希望の物語を語り続けているのである。

広島に、ぜひフラリと遊びに来ていただきたい。一人で、家族で、あるいは恋人と……。緑豊かな川端を散歩しながら、つと平和記念公園に立ち寄ってみてほしい。汗をぬぐって、輝く太陽と青空をふと見上げると、そこにサダコがいる。「原爆の子の像」を仰ぎ見るたびに思う。サダコは現代のキリストではないか、二〇〇〇年のキリストではないかと……。今から二〇〇〇年後の四〇世紀を迎えるとき、私たちのすべてが消え失せた中で、おそらくサダコだけが十字架のように折り鶴を掲げて、想像もできない風景の中に屹立《きつりつ》しているに違いない。そのとき、私たちの遠い子孫が平和記念公園でサダコ二〇〇〇年忌を賑やかに祝っているようであれば、私たちがサダコという神話に託した願いが、ひとまずかなえられたことになるのであろう。

いま、二一世紀を目前にして、苦しみを乗り越えて「話す」ことを決心してくださった佐々木繁夫さんはじめ、ご遺族、関係者の方々に大変お世話になりました。ありがとうございました。この本を書くことによって、佐々木禎子さんと同時代を生きたことの悲しみと喜びをともにできたことを大変誇りに思います。

最後に、今回の出版の機会を作ってくださったNHK出版編集局長の萩野靖乃氏、遅い筆を叱ることなく励まし続けてくれた編集部の藤橋和浩氏、三好正人氏に感謝申し上げます。

二〇〇〇年七月

NHK広島放送局
番組制作担当部長　北出　晃

## 関連年表

●佐々木禎子関連
★広島関連
◆内外の主な出来事
◇本文関連

一九三〇～三九年
◆ナチスのユダヤ人迫害（三三年～）
◆スペイン内戦勃発（三六年）
◆ドイツ、ポーランド侵攻。第二次世界大戦勃発（三九年）

一九四〇年
●父・佐々木繁夫（当時二六）、楠木町七二三番地で理髪店開業（二月）
●繁夫、母・フジ子（二三）と結婚（一〇月）

一九四一年
●兄・雅弘誕生
◆太平洋戦争開戦（一二月八日）

一九四三年
●禎子誕生（一月七日）
●父・繁夫、衛生兵として召集。広島陸軍病院に配属
◆米、ロスアラモス国立研究所開設

一九四五年
★広島に原爆投下（八月六日）
●祖母・マツ（七六）、母・フジ子、兄・雅弘、禎子が自宅（爆心地から一・六キロ）で被爆。禎子は無傷。祖母・マツ、避難中にはぐれ死亡。一家、太田川の川舟で火災を避ける。黒い雨に遭う。夜までに上川立（現・三次市）に避難（八月六日）
●三次に駐屯中の父・繁夫、救援隊として広島入り（八月七日）
◆長崎に原爆投下（八月九日）
◆終戦（八月一五日）
★都築東大教授の調査団などが原爆症を調査（八、九月）
◆ＧＨＱ、プレスコード指令（九月一九日）
★日米合同調査委員会発足（九月二二日）
●佐々木家、上川立のフジ子の実家に身を寄せる
★放射線による急性障害を含め、年末までに一四万人死亡

一九四六年
◇トルーマン米大統領、ＡＢＣＣ設置を指令（一一月二六日）
＊このころケロイド発生ピーク（～四七年）

一九四七年
●佐々木家、広島市鉄砲町一五番地に理髪店開業（二月）
★ＡＢＣＣ発足。日赤病院内に仮事務所（三月一日）
★広島中央病院が平和祭診断会開催。白血病患者七人見つかる（八月一～七日）
★第一回広島平和祭開催

一九四八年
●妹・美津江誕生
★ＡＢＣＣ、宇品に移転（一月）
★山脇卓壮医師、白血病患者に遭遇。被爆と白血病の発生についての調査開始。ＡＢＣＣも協力
★原田東岷ら広島の開業医らが土曜会を結成。原爆後障害について研究開始（一一月）

一九四九年
●禎子、幟町小学校に入学
◇フロイド・シュモー広島入り。以後四年間、復興住宅建設に携わる（八月四日）

◆ソ連、初の原爆実験セミパラチンスク（八月）

一九五〇年
●弟・英二誕生
★広島カープ球団設立（一月）
◆朝鮮戦争勃発
★広島市が市民から募集した「原爆体験記」刊行（八月）
★ABCC、一二万人の被爆者対象に寿命調査を開始。また一部集団への定期検診開始
★白血病発生のピーク（〜五三）
◇エレノア・コア、新聞記者として広島訪問

一九五一年
★ABCCの研究所が比治山に完成（一月一〇日）
★ABCC、胎内被爆児調査を開始
★吉川清、河本一郎ら三〇人が「原爆障害者更正会」結成。初の被爆者組織（八月）
★長田新編『原爆の子』刊行（一〇月）
◆米ソ原爆実験激化（計一八回）

一九五二年
◆サンフランシスコ講和条約発効、プレスコード解除（四月二八日）
★アサヒグラフ「原爆被害の初公開」（八月六日号）
★山脇卓壮医師、被爆者の白血病発生率について発表（九月二九日）
◆英、初の原爆実験（一〇月三日）
◆米、初の水爆実験（一一月一日）

一九五三年
●佐々木家、家を新築。三階建て
◆ソ連、初の水爆実験、人体実験も（八月）

一九五四年
◆第五福竜丸事件（三月一日）きっかけに原水爆禁止運動高まる
●禎子、幟町小学校六年竹組に進級。担任、野村剛さん。五月からクラスでリレーの練習。
●禎子、ABCCで定期検査を受け、異常なしとされる（六月）
●禎子、運動会リレーに出場し、竹組優勝（一〇月四日）
●禎子、風邪を引き、首のリンパ腺が腫れる（一二月）

一九五五年
●フジ子と子どもたち、上川立へ里帰り。禎子の首の腫れを指摘され、受診を勧められる（一月）
●禎子、ABCCで精密検査。亜急性リンパ性白血病と診断（一月一八日、二月一六日）
●禎子、日赤病院に入院。主治医・沼田丈治氏（二月二一日）
●禎子、外出許可をもらい小学校のお別れ会に出席（三月一六日）
●竹組同級生、卒業にあたり「団結の会」結成。禎子の見舞いを始める（三月二三日）
●禎子、大倉記代（一四）と同室になる。少女雑誌の読者欄を通じて文通などする（五月）
★原爆乙女二五人、治療のためアメリカへ（五月五日）
●佐々木家、経済的事情から鉄砲町の店を手放し、基町バラックへ（五月三一日）
●禎子と大倉記代、見舞いにもらった折り鶴をきっかけに、鶴を折り始める（八月）
●禎子、外出許可もらい、家族と平和式典に（八月五、六日）
★広島で第一回原水爆禁止世界大会（八月六日）
★原爆資料館オープン（八月二四日）

●大倉記代退院。このころまでに禎子、千羽の鶴を折る（八月末）
●禎子、病状悪化。二センチ角のさらに小さい鶴を折り続ける（九月）
●禎子死亡。享年一二歳。ABCCで病理解剖の結果、甲状腺癌も発見される（一〇月二五日）
★中国新聞、禎子の死を報じる。「原爆の犠牲者は今年一四人目」（一〇月二六日）
●竹組「団結の会」の子どもたち、全国校長大会会場で、「原爆の子の像」建立を呼びかけるビラを配る。河本一郎が助言（一一月一二日）
●最初の募金が幟町中学校に届く（一一月三〇日）
★このころから被爆者の癌死亡率が上昇

一九五六年
●「広島平和をきずく児童・生徒の会」設立。像建立運動の母体に（一月二八日）
★広島県被団協発足（五月）
★長崎大学・岡本直正講師が「胎内被爆で奇形児が生まれる」と報告（六月三日）
●元同級生たちによる追悼文集『こけし』発行（七月）
★広島原爆病院開設（九月一一日）
◇ロベルト・ユンク、広島に取材旅行。河本一郎ら取材

一九五七年
●佐々木家、基町から仁保町へ。このころ繁夫、体調崩し病床に（春）
★原爆医療法公布（三月三一日）
★（旧）被爆者健康手帳交付（六月三日）

一九五八年
●「原爆の子の像」完成、除幕式。佐々木一家も参加（五月五日）
★「広島折鶴の会」結成。世話人・河本一郎（六月二九日）
●佐々木家、若草町へ（八月三日）
◇ユンク『灰墟の光』出版。禎子のエピソード紹介
◇映画「千羽鶴」

一九五九年
★第一回原爆後障害研究会（六月）

一九六〇年
◆フランス、初の原爆実験（二月）
●佐々木家、若草町の店を閉め、福岡へ（五月一五日）
◇ロベルト・ユンク、西ドイツのテレビクルーと広島取材

一九六一年
★広島市の癌発生率は全国平均より高いと保険局発表（一月）
★「折鶴の会」による原爆ドーム保存署名運動始まる。白血病で四月に死去した楮山ヒロ子（一六）の日記がきっかけに（五月）
◇オーストリアの作家カール・ブルックナー『サダコは生きたい』出版。ユンクの著書等参考に

一九六二年
★二〇か国を回る広島・アウシュビッツ平和行進出発（二月）
◆米、ベトナム内戦に介入（三月）
★米の核実験再開に抗議して座り込み開始（四月）
◆キューバ危機（一〇月）
◇オーストリアの子どもたちから七〇〇〇羽の折り鶴が広島へ（一一月）
◇エレノア・コア、二度目の広島訪問。「原爆の子の像」と出会う
◆世界の核実験、年間一七〇回を超える

一九六三年

★第九回原水爆禁止世界大会分裂（八月）

一九六四年
◇インドの青年世界一四か国を回る平和行進、サダコの写真を抱いて広島入り（七月二九日）
◆トンキン湾事件（八月二日）
◆中国、初の原爆実験（一〇月一六日）

一九六五年
◆ベトナムで北爆開始（二月七日）
★胎内被爆による原爆小頭症児の親たちが「きのこ会」結成（六月二七日）
★厚生省が第一回の被爆者実態調査

一九六六年
★広島市議会原爆ドーム保存を可決（七月）

一九六七年
★原爆スラム大火（七月二七日）

一九六八年
◆フランス、水爆実験。広島市長が抗議電報
◇スペイン・バルセロナでサダコ学園開校

一九六九年
★爆心地復元運動。NHKと広大原医研が協力。爆心地五〇〇メートル以内生存者追跡調査始まる

一九七〇年
★広島原爆養護ホーム完成

一九七四年
★現行の被爆者健康手帳交付
◆インド、初の核実験（五月）

一九七五年
★ABCC、放射線影響研究所に改組
★NHKが呼びかけ、市民が描いた「原爆の絵」が集められる

一九七七年
★原爆スラムなくなる（七月）
◇エレノア・コア『サダコと千羽鶴』出版。英語圏で広く読まれる

一九七九年
◇モンゴル国営放送が歌「ヒロシマの少女の折り鶴」を初めて放送

一九八〇年
★広島市、一〇番目の政令指定都市に（四月一日）

一九八二年
★一〇フィート運動で記録映画が完成（一月二一日）
◆ニューヨークで大規模反核運動

一九八六年
◆チェルノブイリ原発事故（四月）
◆この年世界の核弾頭数六万九四八〇（推定）とピークを記録

一九八九年
◇映画「千羽づる」
◆セミパラチンスクで最後の核実験
◆ベルリンの壁崩壊

一九九〇年
◇米ニューメキシコ州の子どもたちによるキッズコミティーがロスアラモスにサダコのモニュメント建立を計画、活動開始
◇米シアトルにサダコの像を中心とした平和公園できる。フロイド・シュモーらが尽力（八月六日）
◆東西ドイツ統合（一〇月）

一九九一年
◆湾岸戦争（一月）
◆ユーゴ内戦始まる（六月）
◆米ソ、ＳＴＡＲＴⅠ調印（七月）
◆ソ連解体（一二月）

一九九二年
◆ボスニア紛争
◇豪・アデレードの英語学校でボスニア難民の子らが『サダコと千羽鶴』を読み、折り鶴を折り始める

一九九三年
◆米ロ、ＳＴＡＲＴⅡ調印（一月）

一九九四年
◇フランスのミホ・シボ原案のアニメ「つるにのって」完成

一九九五年
★被爆者援護法施行（七月一日）
◇米・スミソニアン博物館の展示をめぐって原爆論争
◇キッズコミティーによるモニュメント、アルバカーキに（八月六日）
◇平岡広島市長、国際司法裁判所での口頭陳述で、サダコに言及（一一月一五日）

一九九六年
◇インターネットで「二〇〇〇年までに一〇〇万羽の折り鶴を」運動展開。事務局、豪・キャンベラ
★原爆ドーム、ユネスコの世界遺産リストに登録（一二月）

一九九七年
★広島市、広島・長崎八万九〇〇〇人の原爆体験記のデータベース化に着手
◇米、初の臨界前核実験（七月）

一九九八年
◆インド、パキスタン相次ぎ核実験（五月）
●母・フジ子死去（一二月二五日）

一九九九年
◆コソボ紛争、ＮＡＴＯがセルビアを空爆（三月）

## 関連著作物

### 書籍

『千羽鶴』(豊田清史、昭森社、一九五八)
『つるの飛ぶ日』(大野允子ほか、東都書房、一九六三)
『千羽鶴・平和を求める物語』(山口勇子、集英社、一九六四)
『折鶴のねがい』(編集会、名古屋同会、一九六七)
『はばたけ千羽鶴』(豊田清史、筑摩書房、一九七二)
『千羽づるのねがい』(山下夕美子、小学館、年不詳)
『飛べ! 千羽づる』(手島悠介、講談社、一九八二)
『折り鶴の子どもたち』(那須正幹、PHP研究所、一九八四)
『折鶴の少女』(たいらまさお、偕成社、一九八八)
『とべ・千羽鶴』(中本たか子、新日本出版会、一九八九)
『悲しみの千羽鶴』(豊田清史、創樹社、一九九一)
『つるにのって』(ミホ・シボ原案、金の星社、一九九四)
『さだ子と千羽づる』(絵本を通して平和を考える会SHANTI、オーロラ自由アトリエ、一九九四)
『はばたけ!千羽鶴』(阿原成光、堀泰雄、ヒラリー・セーガー、三友社、一九九五)
『正しい知識—「原爆の子の像」と「折鶴」』(豊田清史、火幻社、一九九五)
『折り鶴は世界にはばたいた』(うみのしほ、PHP研究所、一九九八)
中学校三年英語教科書「ニュークラウン」(三省堂)
『灰墟の光』(ロベルト・ユンク、一九五八、オーストリア/邦訳=原田義人訳、文藝春秋新社、一九六一)
『サダコは生きる』(カール・ブルックナー、一九六一、オーストリア/邦訳=片岡啓治訳、学習研究社、一九六三)
『サダコと千羽鶴』(エレノア・コア、パットナムズサンズ社、一九七七)
『サダコ』(エレノア・コア、パットナムズサンズ社、一九九七)
『千羽鶴—サダコと平和の子供達の像』(石井孝之、洋販出版[英語版]、一九九七)

### 映像

映画『千羽鶴』(木村荘十二監督、諸井條次脚本、共同映画社/広島平和をきずく児童・生徒の会、一九五八)
映画『千羽づる』(神山征二郎監督、原作=手島悠介『飛べ!千羽づる』、共同映画/神山プロ、一九八七)
アニメ『つるにのって』(ピースアニメの会製作、ミホ・シボ原案、一九九三)
ビデオ『サダコと千羽鶴』(サダコフィルムプロジェクト製作、エレノア・コア原作、一九九〇、アメリカ)

NHKスペシャル
サダコ～ヒロシマの少女と20世紀

| | |
|---|---|
| 語り | 杉浦圭子 |
| 声の出演 | 原　康義、清水　馨<br>山像かおり、片渕　忍 |
| 音楽 | 牟岐　礼 |
| 資料提供 | 米ロスアラモス研究所<br>未来問題国際図書館<br>広島原爆資料館（平和記念資料館）<br>広島市、中国共同映画<br>中国新聞社、手島悠介<br>那須正幹、うみのしほ |
| 取材 | 後藤哲史、沢田博史<br>福山ゆう子 |
| 撮影 | 三宅　貴 |
| 照明 | 西原博晃 |
| 音声 | 田嶋　猛 |
| 映像技術 | 片岡啓太 |
| 音響効果 | 佐藤　彰 |
| 編集 | 山本純一、高橋　寛<br>加藤洋一 |
| コーディネーター | 椎名知子、難波素子<br>久我泰永、デビッド・バトラー<br>下岡万寿美 |
| 構成 | 村田英治、坂元信介 |
| 制作統括 | 北出　晃、隈井秀明<br>川良浩和 |

編集協力　町山悦子
校正　加藤早苗

[執筆（肩書は取材時）]
NHK広島放送局　「核・平和」プロジェクト
北出　晃（担当部長）
村田英治（ディレクター）
坂元信介（ディレクター）
沢田博史（ヨーロッパ総局）

NHKスペシャルセレクション
サダコ「原爆の子の像」の物語
2000年7月30日　第1刷発行
2019年1月15日　第9刷発行

著者｜NHK広島「核・平和」プロジェクト　©2000　NHK

発行者｜森永公紀

発行所｜NHK出版
〒150-8081　東京都渋谷区宇田川町41-1
電話0570-002-151（編集）0570-000-321（注文）
ホームページ　http://www.nhk-book.co.jp
振替00110-1-49701

装幀｜蟹江征治

印刷｜光邦、大熊整美堂

製本｜ブックアート


Printed in Japan. ISBN978-4-14-080536-7 C0095